This is Goya

디스 이즈 고야

초판 1쇄 인쇄 2016년 8월 31일
초판 1쇄 발행 2016년 9월 12일

지은이 웬디 버드
일러스트레이션 새라 메이콕
옮긴이 김영주
펴낸이 김지훈
펴낸곳 도서출판 어젠다

출판등록 2011년 7월 26일 (제2015-000263호)
주 소 서울시 마포구 양화로 7길 61-6(서교동)
전 화 (02)333-5897 | 팩스 (02)333-8460
이메일 agendabooks@naver.com

ISBN 978-89-97712-27-4 03600
이 도서의 국립중앙도서관 출판시도서목록(CIP)은 e-CIP홈페이지(http://www.nl.go.kr/ecip)와
국가자료공동목록시스템(http://www.nl.go.kr/kolisnet)에서 이용하실 수 있습니다.(CIP제어번호: CIP2016019067)

This is Goya

디스 이즈 고야

글 **웬디 버드**Wendy Bird
일러스트레이션 **새라 메이콕**Sarah Maycock
옮김 **김영주**

AgendA

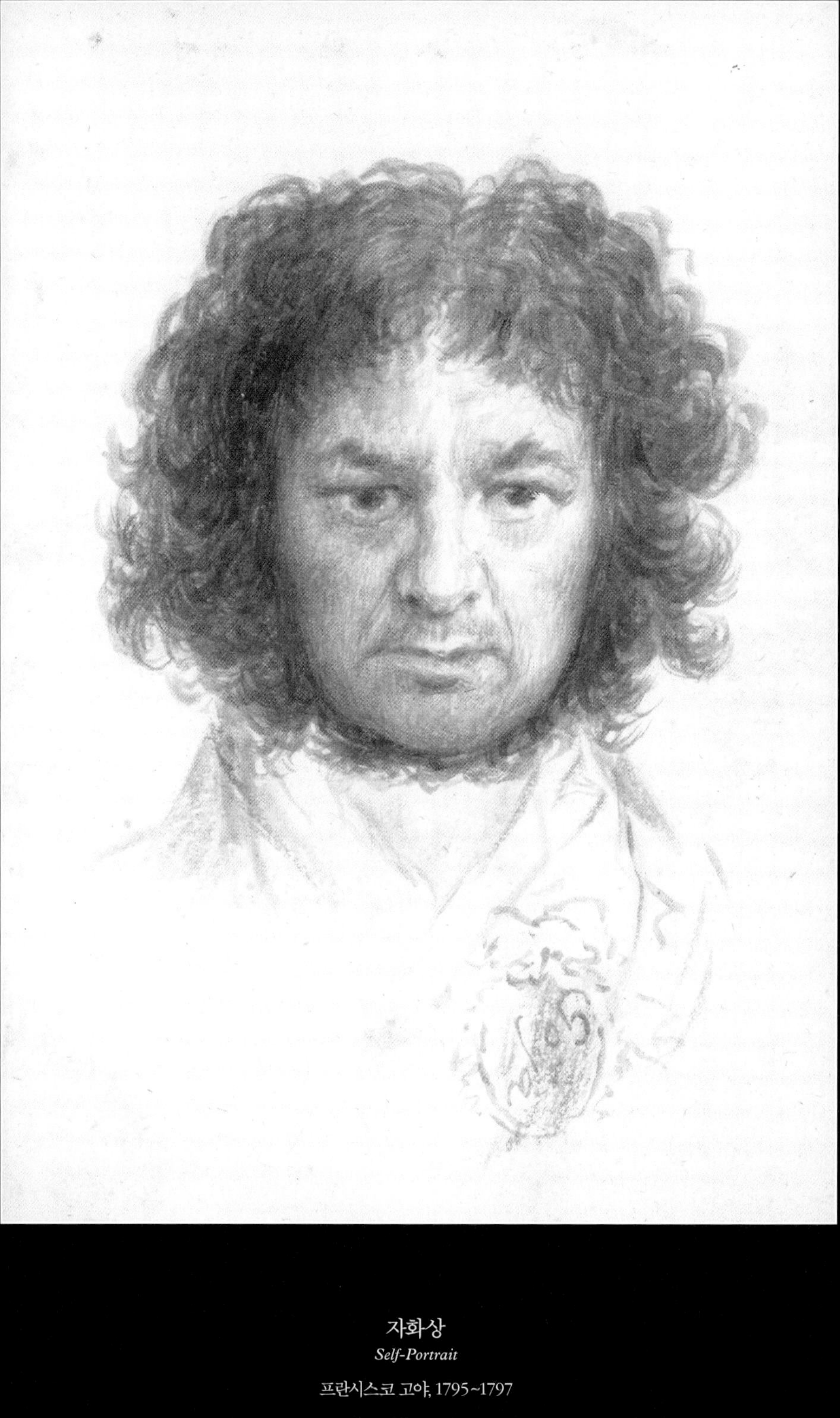

자화상

Self-Portrait

프란시스코 고야, 1795~1797

레이드지에 붓과 회색 칠
15.3 × 9.1 cm(6 × 3 9/16 in)
뉴욕 메트로폴리탄 미술관 소장
해리스 브리스번 딕 기금, 1935. 수납번호: 35.103.1

프란시스코 고야 Francisco de Goya y Lucientes는 오로지 예술 그 자체만을 위해 작품을 창조하려고 했던 최초의 화가이다. 그리고 그로부터 근대미술이 시작되었다. 그가 살았던 18세기와 19세기는 사회 및 문화에 있어서 아주 역동적인 시기였다.

이 인상 깊은 자화상을 그릴 당시, 고야는 50대 초반이었고 화가로서 전성기를 누리고 있었다. 고야는 자신의 감정을 배제한 채, 자화상으로 자신의 얼굴과 개성을 표현했다. 이는 보는 이로 하여금 렘브란트Rembrandt가 그린 자화상을 떠올리게 한다. 고야 역시 17세기 네덜란드의 유명 화가인 렘브란트가 자신에게 큰 영감을 주었다고 인정했다. 고야는 스페인의 유명 화가인 벨라스케스Velázquez와 자연에서 예술적 영감을 얻었다고 말했다.

이 작품이 완성되고 10년이 채 지나기 전, 나폴레옹Napoleon과 그의 군대는 새로운 개념의 평등을 주장하고 나섰다. 이로 인해 안락한 진보를 꿈꾸던 고야의 세계는 완전히 뒤바뀌게 된다. 그 후 다시 권력을 되찾은 수구파 스페인 왕실로부터 고야는 탄압을 받게 된다.

고야의 예술은 혼란스러운 그 시대에도 빛을 발했지만, 그의 작품은 모더니즘을 지탱해 준 힘이 되었다. 즉 개인의 자유로운 표현과 독립적 의지에 혁명적 변화를 끌어낸 신호탄이 되었다.

고야와 마드리드

18세기 후반, 유럽에는 계몽주의와 새로운 과학적 사고가 오랜 전통을 위협하고 있었다. 하지만 스페인에서는 여전히 천주교의 권력이 막강했다. 그래서 뉴턴Issac Newton이나 데카르트René Descartes와 같은 사상가들은 이단으로 몰렸다. 그 당시 왕이던 카를로스 3세Charles III는 종교적 신념이 강하기로 유명했고, 그의 아들인 카를로스 4세Charles IV는 후에 게으르고 무관심한 폭군이 된다.

하지만 스페인에도 결국 근대적인 사상이 유입되게 된다. 카를로스 3세와 카를로스 4세는 도시 재생의 필요성을 느꼈고, 근대 미술을 후원하고 싶어 했다. 또한 그들은 그 시대에 크게 유행을 했던 자연물을 수집하고 분류하는 취미를 갖고 있었다. 그 예로, 카를로스 3세는 그의 함대에게 전 세계를 돌아다니며 진귀한 자연물을 수집해 오도록 명령했다. 그리고 카를로스 4세가 권력을 잡았을 때 자연사 박물관이 지어졌는데, 이 박물관은 마드리드의 명물이 된다. 이 박물관이 바로 현재의 프라도Prado 미술관이다.

스페인이 계몽주의를 받아들이기 시작한 순간, 고야는 그 영향을 받게 되고 그의 인생에도 그 영향이 미치게 된다. 고야가 젊었을 때, 그리고 그가 중년의 나이가 되었을 때에도 마드리드는 근대적이며 밝은 도시였다. 항상 태양이 밝게 빛나는 마드리드에서 고야는 길거리의 풍경을 그림으로 기록했다. 고야가 크게 관심을 가졌던 주제는 인체의 형상과 인간의 표현이었다. 특히 고야는 그의 주변 환경에서 쉽게 볼 수 있는 것에 관심을 가졌다.

계몽주의 이상에 매료된 사람들은 '아프란세사도스afrancesados(친프랑스파)'라고 불렸는데, 이 사람들은 프랑스가 근대주의를 낳았다고 믿었기 때문이다. 고야 역시 친프랑스파 중 한 명이었다. 그래서 고야는 당시 프랑스 최신 유행에 따른 의복을 멋지게 차려입고 돌아다녔다. 당시에 또 다른 패션 문화가 존재했는데, 바로 스페인의 집시 문화를 낭만적으로 묘사한 것에서 탄생했던 마호majo 스타일이다. 고야와 그의 친구들은 이렇게 두 가지의 다른 패션을 즐겨 입었다. 그들은 스페인 문화에 대한 자긍심을 강조하고 싶을 때는 마호majo식으로, 더욱 근대적인 세상을 향한 동경을 표현하고 싶을 때는 프랑스식으로 의복을 골라 입었다.

하지만 고야의 일생이 마드리드에서 시작된 것은 아니다…

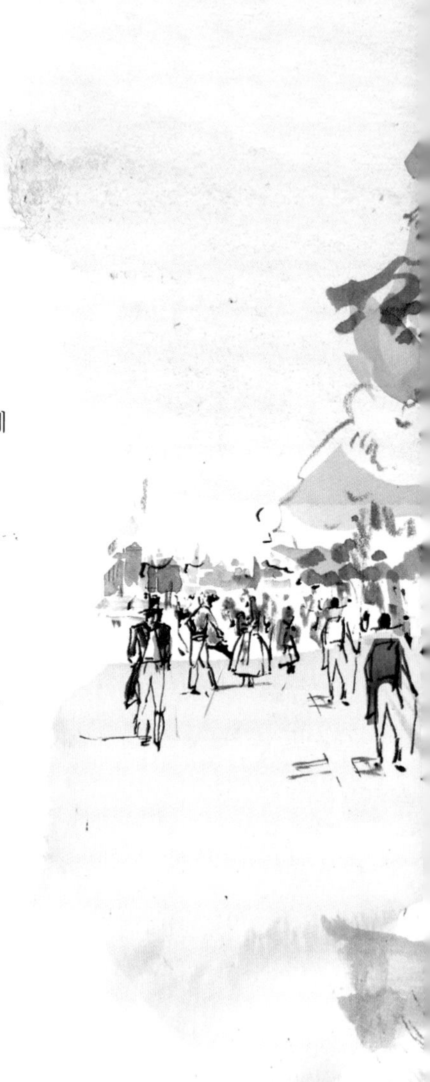

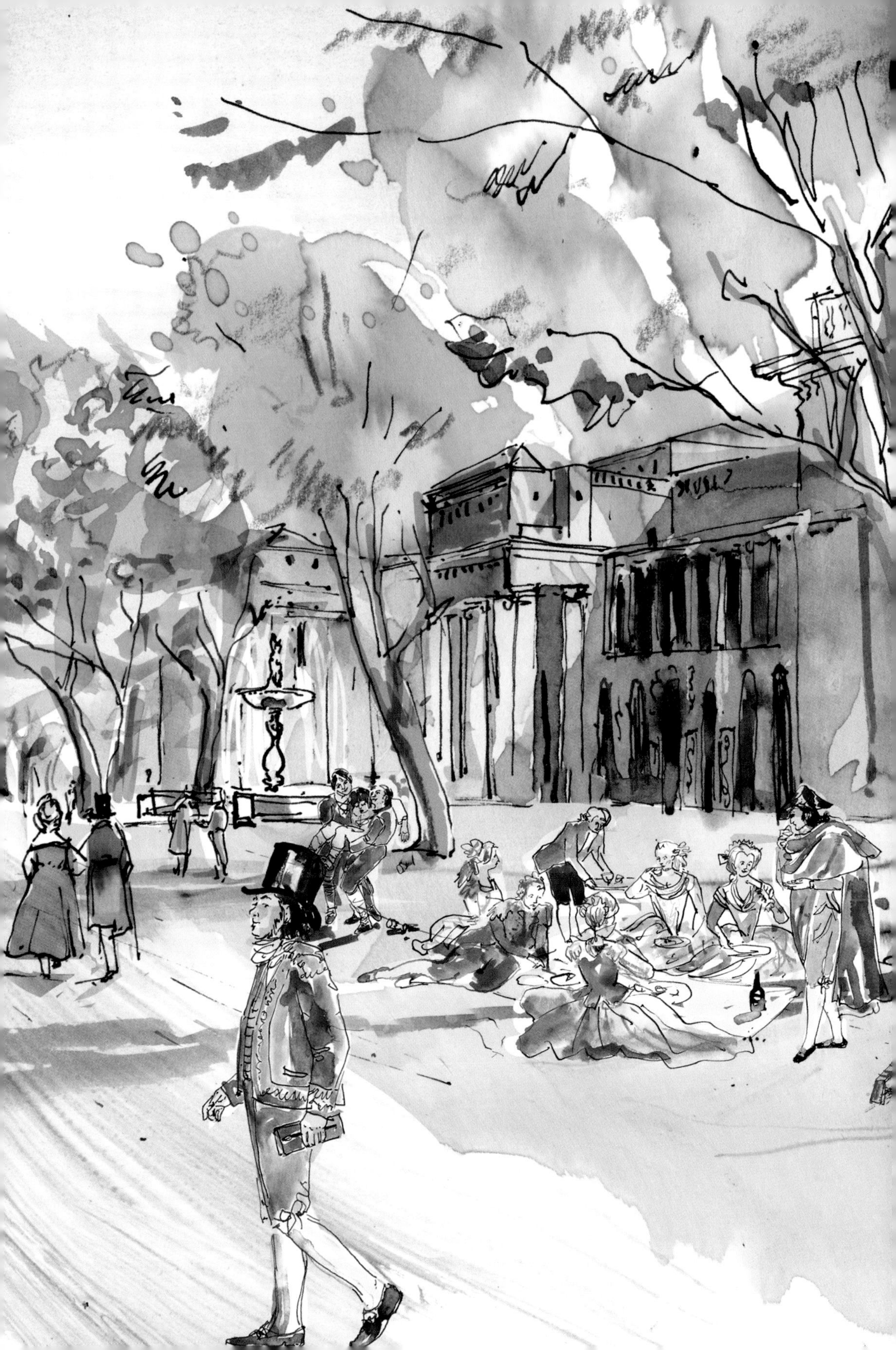

금박공의 아들로 태어나다

프란시스코 고야는 1746년 3월 30일 아라곤의 푸엔데토도스Fuendetodos라는 조용한 시골 마을에 위치한 그의 조부모의 집에서 태어났다. 그는 수많은 교회, 수도원 및 성당이 존재했던 근방의 사라고사Saragossa라는 도시에서 자랐다. 고야의 아버지인 호세José는 뛰어난 금박공이었는데, 사라고사에는 그가 할 일이 아주 많았다. 왜냐하면 종교 미술에 있어서 금박 세공은 필수적인 요소이기 때문이었다. 게다가 고야의 아버지는 훌륭한 인맥을 가진 사람이기도 했다.

고야의 유년 시절에 대해서는 알려진 정보가 그리 많지 않다. 그에게는 누이 둘과 남자 형제가 셋이 있었으며, 다른 소년들과 다를 바 없이 고야도 길가와 시골에서 뛰놀며 자랐을 것이다. 1756년, 10살이 된 고야는 이미 아버지와 그의 조수인 후안 루산Juan Luzán을 도와서 교회의 오르간에 금박을 입히는 작업을 하고 있었다.

고야는 운 좋게도 사라고사의 자선 학교Escuelas Pías에서 무상으로 정식 교육을 받을 수 있었다. 그렇게 만난 학교 친구 중 한 명이 마틴 사파테르Martin Zapater였는데, 고야와 그는 평생에 걸쳐서 깊은 우정을 나누게 된다. 1759년에 고야의 아버지는 고야를 호세 루산José Luzán 밑에서 일하도록 보내는데, 그곳에서 고야는 4년 동안 지내게 된다. 그리고 그곳에서 고야는 마누엘, 프란시스코, 그리고 라몬 바이유Bayeu 삼형제를 처음 만난다. 고야는 그들과 깊은 우정을 나눴고, 화가로서 초창기에는 특히 프란시스코, 라몬과 함께 많은 작업을 했다. 또한 고야는 후에 그들의 누이인 호세파를 아내로 맞는다.

이 당시 예술계는 몹시 좁은 세상이었다. 고야를 가르친 호세 루산의 형제들과 아버지 역시 고야의 아버지처럼 금박공이었다. 호세 루산은 고야에게 그림을 그릴 때 판화를 밑그림으로 사용하는 방식을 가르쳐 주었다. 고야가 16세가 되었을 때, 그는 푸엔데토도스 교회 성유물함 작업을 맡게 된다. 그는 1763년 사라고사를 떠났을 때 이미 화가의 길을 걷고 있었다.

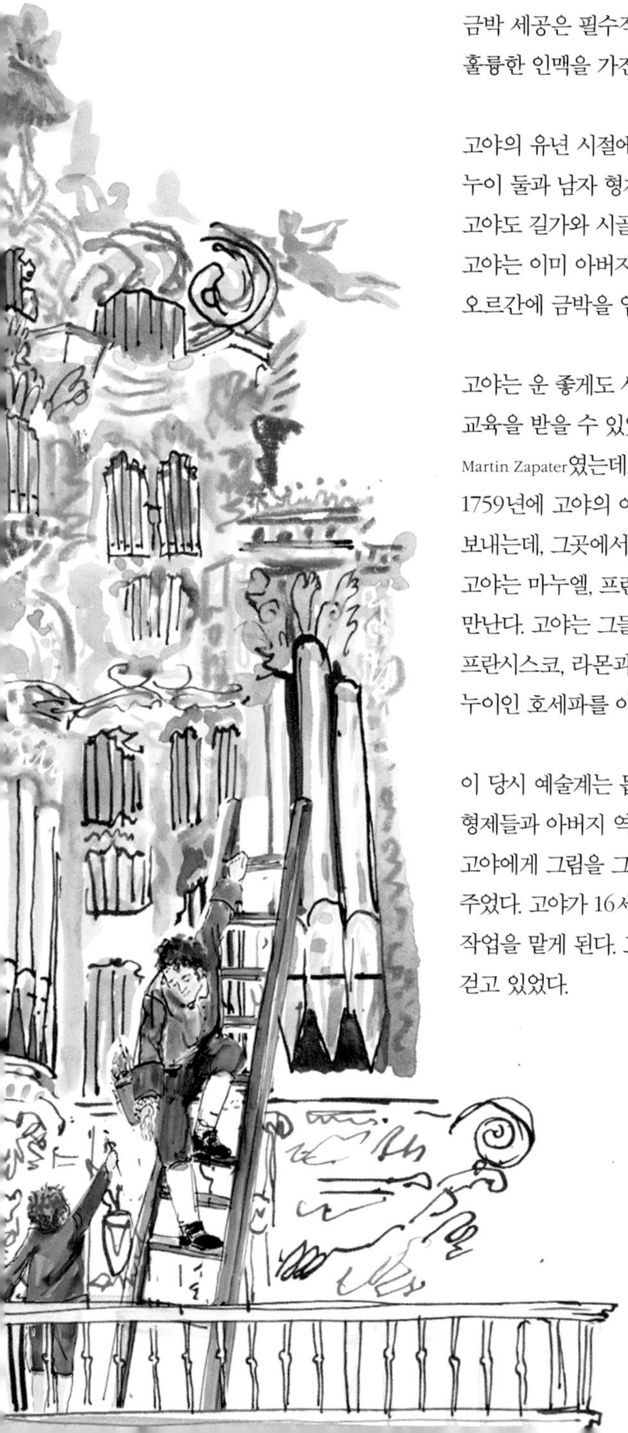

명사수 고야

고야에 대한 많은 정보는 그의 학창시절 친구였던 마틴 사파테르와 주고받은 편지들을 통해 알게 된 것이다. 마틴 사파테르는 많은 편지들을 보관해 두었으며 그 편지들은 고야가 화가로서 어떻게 성장하였고 성공의 길을 걷게 되었는지 알려 준다. 또한, 편지를 통해서 고야의 사고방식과 그의 일상도 엿볼 수 있다. 마틴 사파테르에게 고야가 보낸 편지들에는 고야가 유년기에 사라고사 근처의 시골에서 사냥을 했던 경험을 회상하는 내용이 종종 등장한다. 이것으로 고야는 야외 활동을 즐기는 사람이었으며, 평생 가장 즐겨했던 취미가 바로 사냥이었던 것으로 보인다.

고야는 이토록 자연을 사랑했지만 그의 작품 세계에 자연이 등장하는 경우는 드물었다. 고야의 작품 세계의 중점은 인간의 행동에 있었다. 그럼에도 불구하고 고야는 사냥을 즐긴다는 사실을 수많은 귀족 계급의 고객들, 그리고 특히 왕실의 고객들과 나누었다. 명사수로서 고야의 명성은 그의 주요 고객들 사이에서 그의 입지를 더욱 확고하게 다지는 데 기여했다.

1763년에 고야는 사라고사를 떠나 마드리드로 갔다. 그리고 마드리드에서 잠시 고야는 프란시스코 바이유의 작업실에서 일하게 되었다. 고야는 마틴 사파테르에게 마드리드로 오라고 권했으나, 마드리드의 도시를 방문하는 것 자체는 추천하지 않았다. 그 대신 고야는 그에게 마드리드 주변 시골로 와서 메추라기와 자고새를 사냥하자고 권했다.

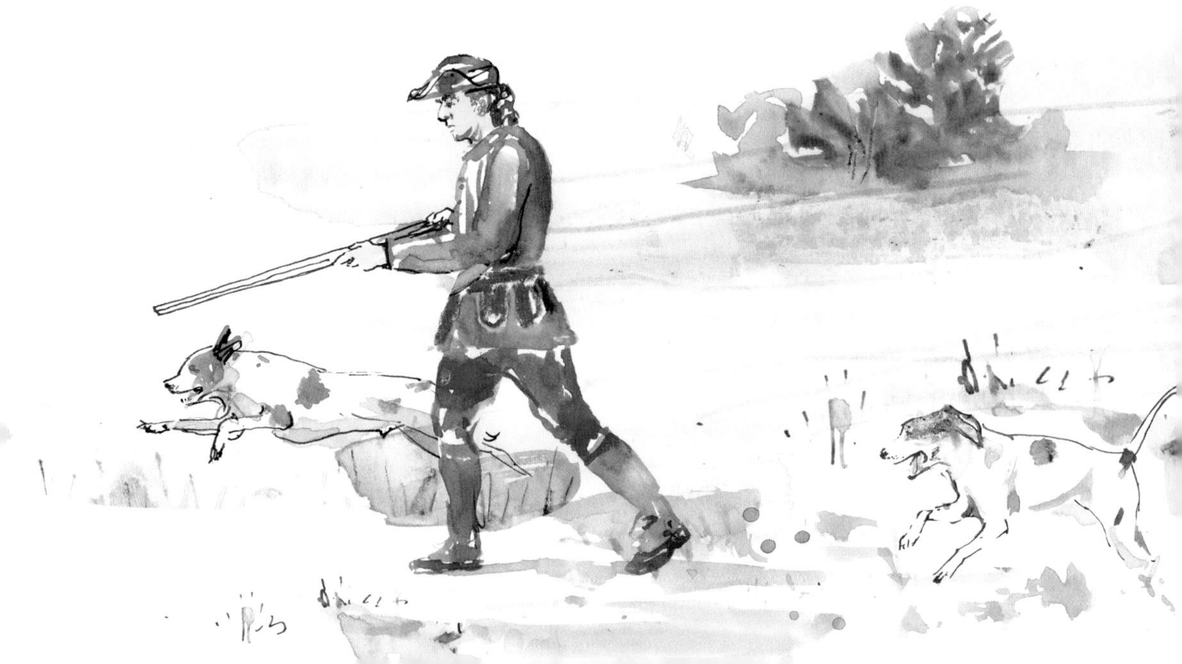

Tales from Italy

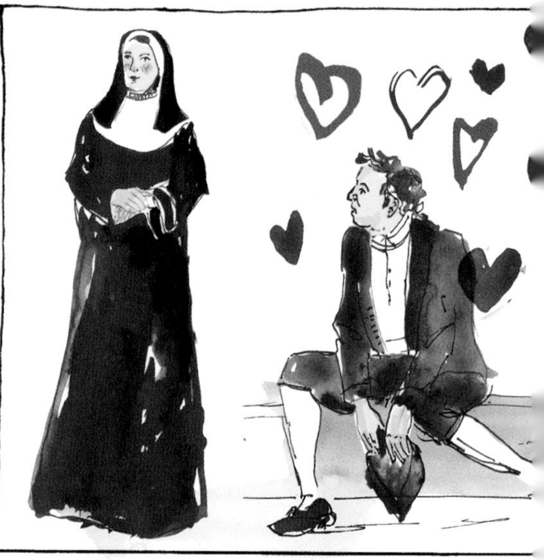

다혈질의 예술가는 수녀를 유혹했다.

이탈리아로 간 고야

그 어떤 예술가라도 마드리드에서 출세하기 위해서는 산페르난도 왕립 미술 아카데미Royal Academy of Fine Arts of San Fernando의 일원이 되어야 했다. 그러나 그곳의 일원이 되기 위한 경쟁은 치열했다. 고야는 마드리드에 도착한 후 첫 몇 년 동안 아카데미에 들어가려고 애를 썼다. 하지만 1766년에 아카데미에 들어간 사람은 고야가 아닌 그의 친구 라몬 바이유였다(고야는 1780년까지 아카데미 일원이 되지 못했다. 그는 매우 전통적인 〈예수의 십자가형〉을 그림으로써 아카데미에 들어갈 수 있었다.).

몇 년 동안 자신의 입지를 다지려고 노력하던 고야는 이탈리아로 예술기행을 떠나 자신의 예술 수준을 높이기로 마음먹고 이탈리아에 3년 동안 머무른다. 고야의 인생에 대해서는 신화와도 같은 흥미로운 이야깃거리들이 많지만 그가 이탈리아에서 실제로 어떻게 살았는지는 거의 알려진 바가 없다.

당시의 아카데미 예술은 신고전주의 양식을 따랐다. 아카데미의 예술 교육은 대부분 고전 예술 조각품의 석고 모형을 모방한다거나, 동일한 자세의 남성 누드를 보고 작품을 만드는 방식으로 진행되었다. 로마는 고전 예술 작품들로 가득한 도시였으며, 모든 전도유망한 예술가들은 고전 작품들에 대해 자세히 알고 있어야 했다. 그리고 고야는 이런 교육 방식을 순순히 따랐다. 고야는 필수적으로 알아야 할 수많은 조각품들의 스케치를 그렸다. 스케치들 중에는 바티칸에 있는 고전 조각품 두 점이 있었다. 바로 헤라클레스를 묘사한 〈벨베데레의 토르소Belevedere Torso〉와 〈벨베데레의 헤라클레스Belvedere Hercules〉가 그것이었다. 또한 고야는 길거리 풍경들과 보기 드문 광경들을 스케치북에 그렸다. 예를 들면, 카니발에 쓰이는 가면이나, 창문 너머로 내다보는 당나귀의 머리, 고양이를 스케치한 작품들도 그의 스케치북에 그려졌다. 이렇게 수수께끼처럼 모호한 작품들을 보면 고야의 다음 행보를 짐작할 수 있다.

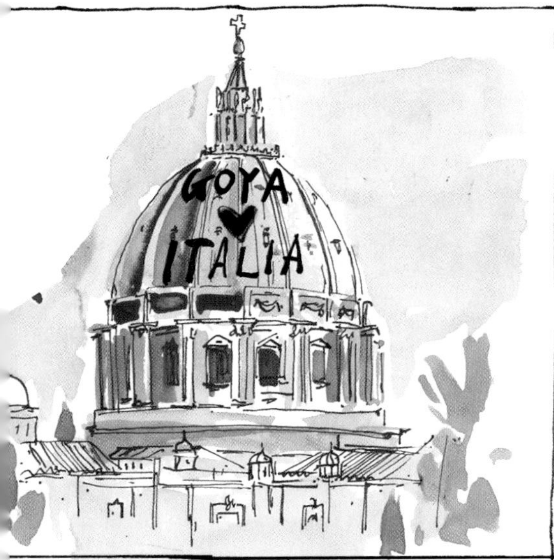

스페인 출신의 예술가는 성 베드로 성당에 낙서를 했다.

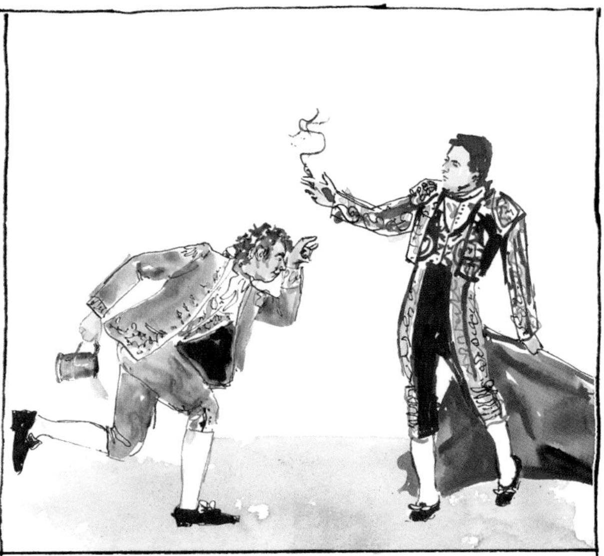

고야는 투우사들과 어울려 지냈다.

페파La Pepa

고야는 비교적 의기양양한 모습으로 이탈리아 여행을 마치고 돌아왔다.
1773년에 고야는 바이유 형제의 누이인 호세파와 결혼했는데, 그는 그녀를 항상 '페파'라는 이름으로 불렀다. 고야가 다른 사람에게 쓴 편지들, 그리고 고야 자신에 대해 쓴 편지들을 통해서 그에 대한 정보를 많이 얻을 수 있다. 하지만 그런 것치고 고야와 그의 아내 페파의 결혼생활에 대해서는 알려진 정보는 극히 드물다. 하지만 페파가 1812년에 사망할 때까지 두 사람은 거의 40년 동안을 함께 살았다. 비록 고야가 편지에서 페파를 언급한 경우는 드물었지만, 그가 그녀를 언급한 얼마 되지 않는 편지 내용을 통해 짐작해 볼 때 고야는 분명히 아내를 사랑했다. 또한 페파를 그린 그림 몇 점을 보면 고야의 그런 마음이 잘 드러나 있다.

하지만 고야의 가정생활은 항상 순탄하지만은 않았다. 페파는 수많은 유산과 사산을 겪었다. 최소한 7명의 아이들이 살아서 태어났지만, 오직 사비에르Xavier 단 한 명만이 어른이 될 때까지 살아남았다.

고야는 자신이 사창가에 드나든 것에 대해서 종종 마틴 사파테르마틴 사파테르는 미혼이었다에게 농담을 하곤 했다. 또한 고야는 중년의 나이가 되었을 때 알바 공작부인에 대한 그의 열정을 공공연하게 표현했다. 하지만 알바 공작부인이 그에게 같은 감정을 느꼈던 것 같지는 않다. 따라서 페파가 살아있던 동안에는 그녀만이 고야의 유일한 여인이었던 것으로 추측된다. 그리고 고야가 알고 지내던 남성 친구들과 유흥에 대한 농담을 나눈 것과는 별개로, 고야의 결혼생활은 근본적으로 행복했던 것으로 보인다.

고야는 결혼하고 얼마 지나지 않아서 작품 의뢰를 받기 시작했다. 그가 받은 작품 의뢰들은 종종 그의 처남들인 바이유 형제들과 함께 하는 작업이었다. 그리고 1775년에 고야와 라몬 바이유는 마드리드의 산타바바라 왕립 태피스트리 공장Royal Tapestry Factory of Santa Barbara의 관리자로부터 부름을 받게 된다.

왕립 태피스트리 공장

펠리페 5세는 스페인이 과거에 소유했던 벨기에 영토를 잃자, 1721년 왕립 태피스트리 공장을 설립했다. 그 이전에는 벨기에에서 태피스트리가 제작되었다. 카를로스 3세는 그 당시 스페인의 삶을 담은 보다 현대적인 디자인을 원했으며, 그의 아들인 카를로스 4세는 익살맞은 시골의 풍경이 담긴 것을 선호했다.

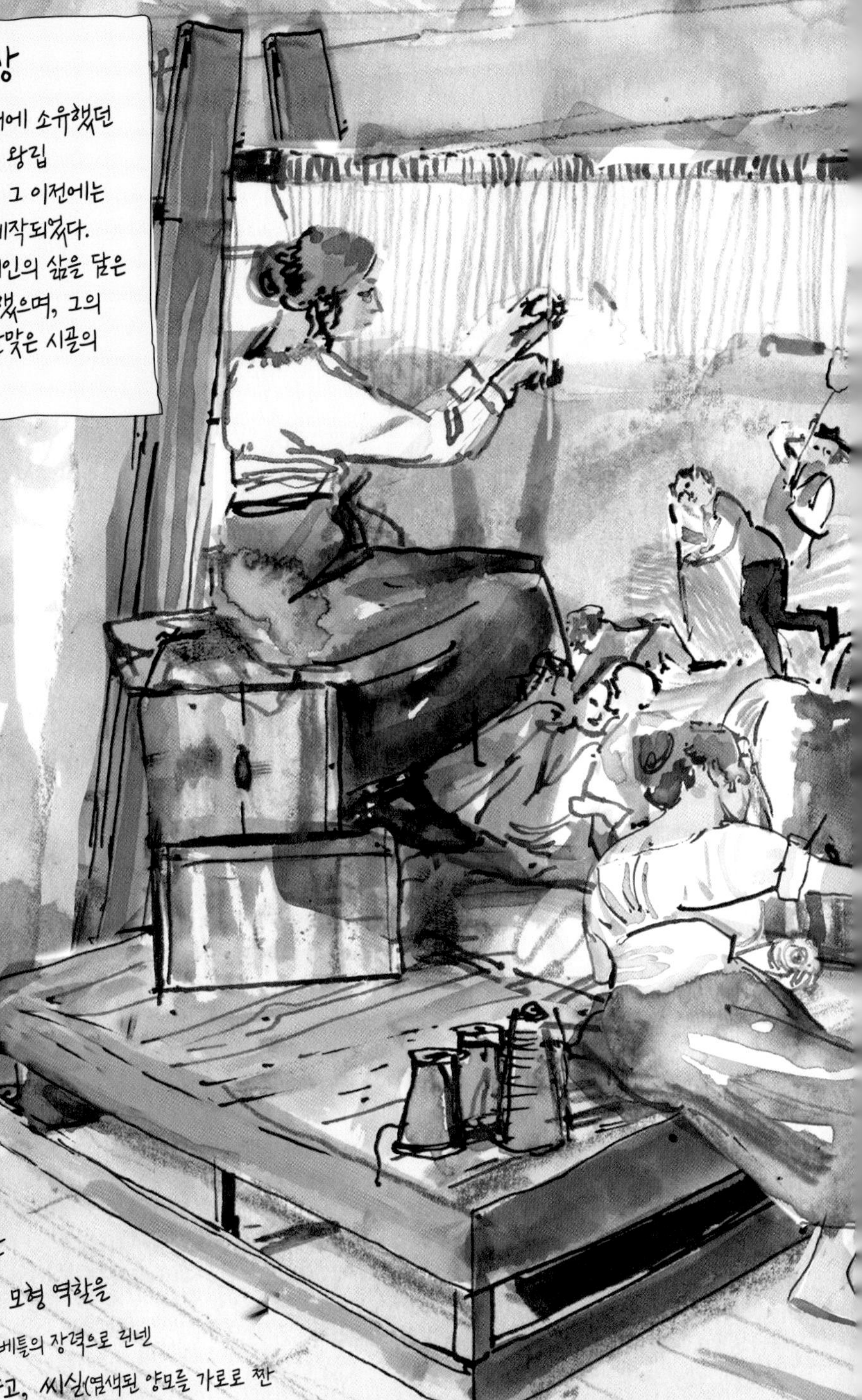

태피스트리 밑그림tapestry cartoon은 태피스트리와 동일한 크기로 만들어졌는데, 작업 시 모형 역할을 했다. 방직공은 밑그림을 날실(베틀의 장력으로 린넨 실을 세로로 고정시킨 것) 뒤편에 두고, 씨실(염색된 양모를 가로로 찬 것)의 디자인과 색상을 맞추어서 비쳐 보이게 만들었다. 태피스트리는 양모의 끝부분에 다다를 때마다 그것을 묶는 방식으로 제작되었는데, 이 작업은 뛰어난 시력, 집중력 및 손재주를 요구하는 어려운 일이었다. 한 번은 방직공들이 고야가 제공한 밑그림을 너무 복잡하다는 이유로 거부한 적이 있었다. 이에 따라서 고야는 결국 밑그림을 단순하게 만들어야 했다.

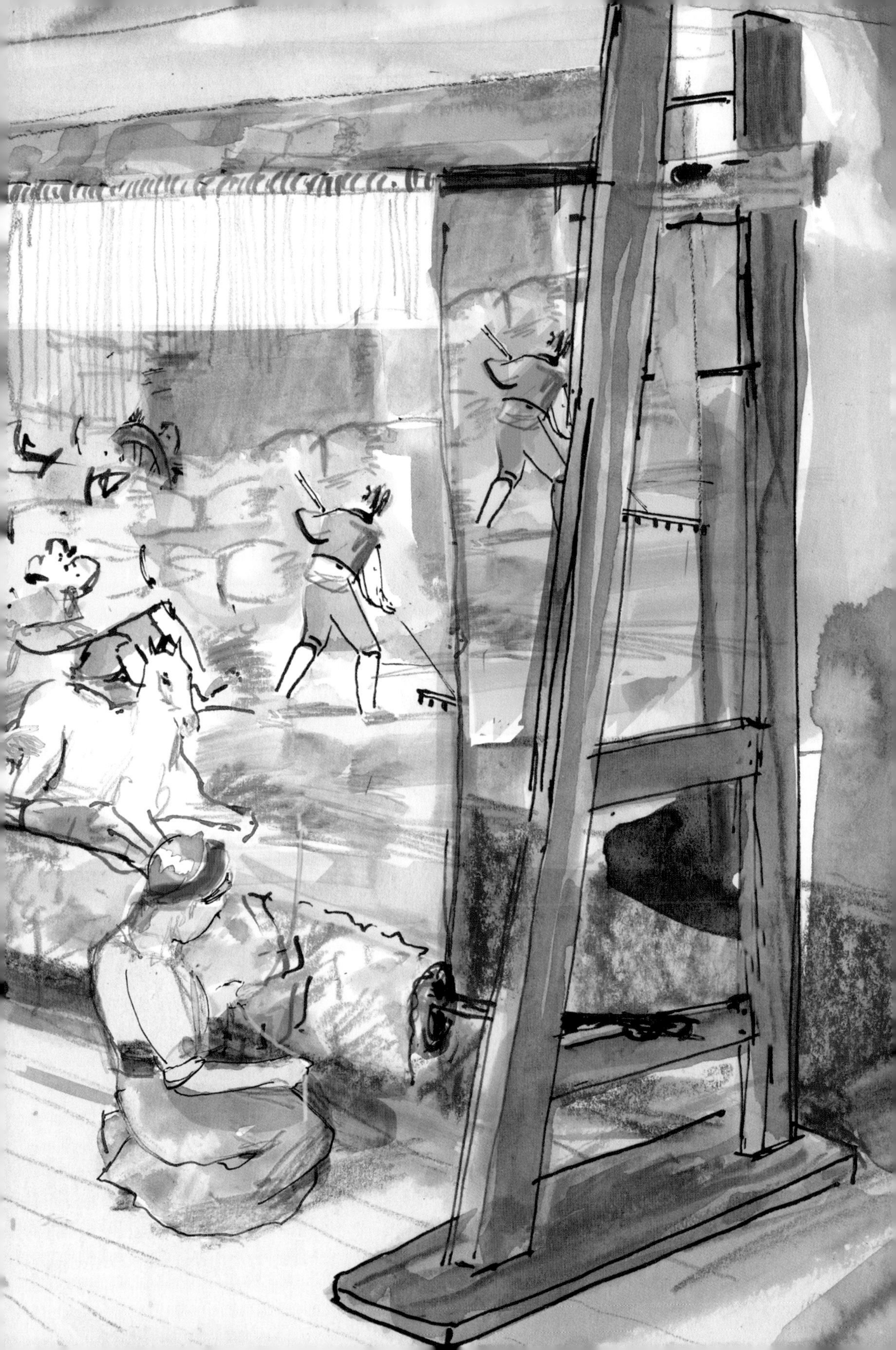

왕립 태피스트리 공장

1775년, 28세의 고야와 라몬 바이유는 마드리드의 산타바바라 왕립 태피스트리 공장에서 프란시스코 바이유의 감독 아래 일하도록 부름 받는다. 그 당시에 프란시스코 바이유는 이미 카를로스 3세의 궁정 화가로 일하고 있었다. 이는 바이유 가문이 그들의 매부인 고야의 앞길을 탄탄하게 만들어 주려고 또 다시 조치를 취한 것이다.

마드리드로 돌아온 것은 고야에게 엄청난 기회가 되었다. 게다가 이번에 고야는 궁정에서 일하게 되었다. 1775년에서 1792년까지 고야는 산로렌초 데 엘 에스코리알San Lorenzo de El Escorial과 엘 파르도El Pardo의 왕궁을 위해서 63점의 태피스트리 밑그림을 제작했다. 먼저 고야는 감독관의 허가를 받기 위해서 색깔을 입힌 스케치를 그리고, 그 다음에 태피스트리 방직공들이 사용할 실제 크기의 밑그림을 만들었다. 고야가 그린 태피스트리 밑그림에는 사냥, 춤, 소풍이나 야외 게임을 묘사하는 목가적인 풍경이 등장하는데, 이는 계몽된 스페인의 긍정적인 모습을 보여주기 위함이었다.

고야가 맡은 첫 태피스트리 밑그림에는 8개의 사냥 풍경이 담겨 있다. 〈새와 함께 한 사냥Hunting with a Decoy〉에는 순종적인 모습의 개 한 마리와 사냥감을 유인하기 위한 새들이 등장하는데, 이것은 다소 기묘한 풍경이다. 이 작품에 등장하는 새들은 큰 눈을 가진 기이한 모습의 부엉이와 새장에 갇힌 오색방울새로, 사냥에서 작은 새들을 올가미로 끌어들이기 위한 미끼로 사용되었다. 이 작품은 궁중 미술작품으로, 만들어졌던 당시의 모습을 반영하는 것이다. 또한 이 작품은 당시 왕실이 자연물과 진귀한 것들을 수집하는 데 얼마나 집착했는지를 보여주기도 한다. 작품에 등장하는 갇힌 생물들은 과학 실험용 견본과 비슷한 모습이다. 이것은 그 당시 식민지에서 흥미로운 짐승들을 잡아서 본국으로 가져온 후 가둬 놓는 관행을 보여준다. 이것을 더욱 기묘하게 만드는 요소는 바로 갇혀 있는 새들이 박제된 상태일 가능성이 높다는 점이다. 작품 속 부엉이는 보는 이를 빤히 쳐다보고 있는데, 이것은 궁정 수집품 중 하나인 히에로니무스 보스Bosch의 그림에서 유래한 것이다. 그 작품은 후에 초현실주의자들에게 영향을 주기도 한다. 고야의 〈새와 함께 한 사냥〉이 특히 기묘한 분위기를 풍기는 이유는 자연 풍경에 갇힌 동물들을 배치했기 때문이고 바로 그 모순이 초현실주의적인 모습을 보여주는 것이다. 1774년이 되자 카를로스 3세는 식민지에서 가져온 짐승들이 살 공간을 마련하려고 부엔 레티로 공원Parque del Buen Retiro에 원시 동물원을 설립했다. 요즈음 미술사학자들은 고야가 그 공원에 사는 거대한 개미핥기를 그렸다고 주장하기도 한다. 수많은 마드리드의 시민들처럼 고야도 그 공원을 방문했을 것이다. 카를로스 3세가 설립한 공원은 유럽에서 처음으로 지어진 동물원들 중 하나였으며, 우리에 갇힌 짐승들이 자연적인 공간에 (물론 인위적으로 만들어진 공간이었다) 놓인 풍경은 고야에게 이처럼 기묘한 작품을 창조하는 데 영감을 준 것이다.

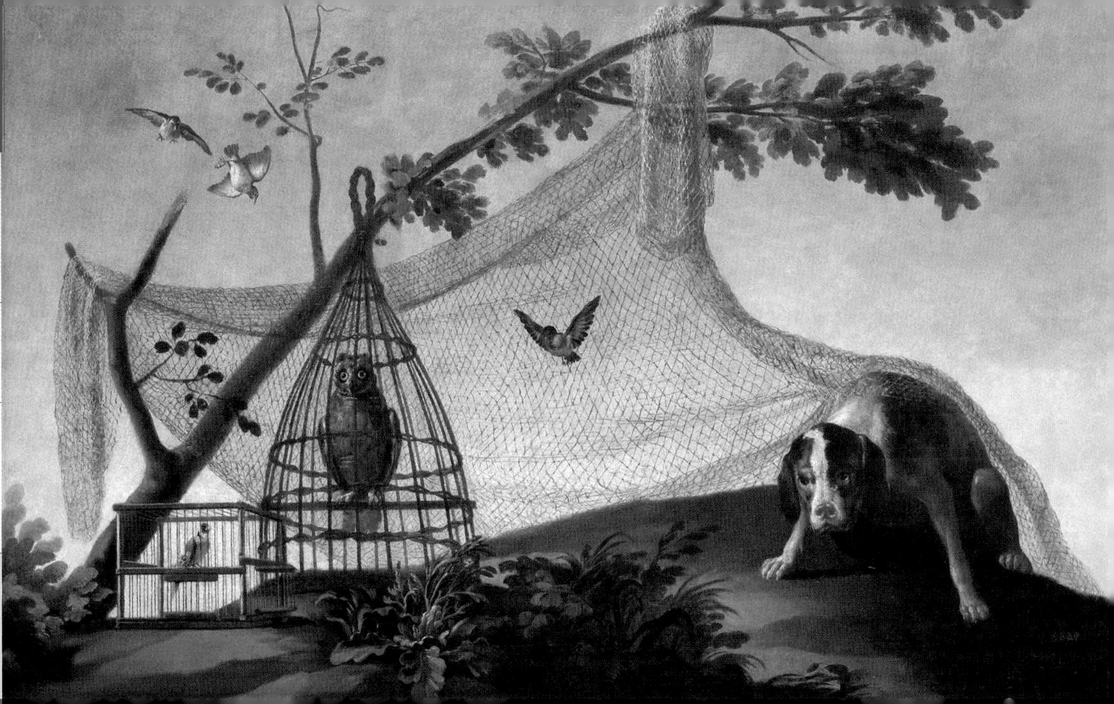

18세기, 여러 국가들이 자연물을 수집하는 데 안달이 난 모습은 마치 1960년대에 벌어진 우주 개발 전쟁과도 흡사했다. 이들은 서로 경쟁에서 이기기 위해 혈안이 되어 있었다. 스페인 왕실은 아메리카에 위치한 식민지로 함대를 보내서 각종 동식물을 수집하고, 흥미롭고 진귀한 것들을 본국으로 가져오도록 명령했다. 그렇게 가져온 수집품 중 몇 가지는 살아 있는 상태로 도착했지만, 대부분의 짐승들은 죽어서 박제되었거나 뼈만 남은 모습으로 도착했다.

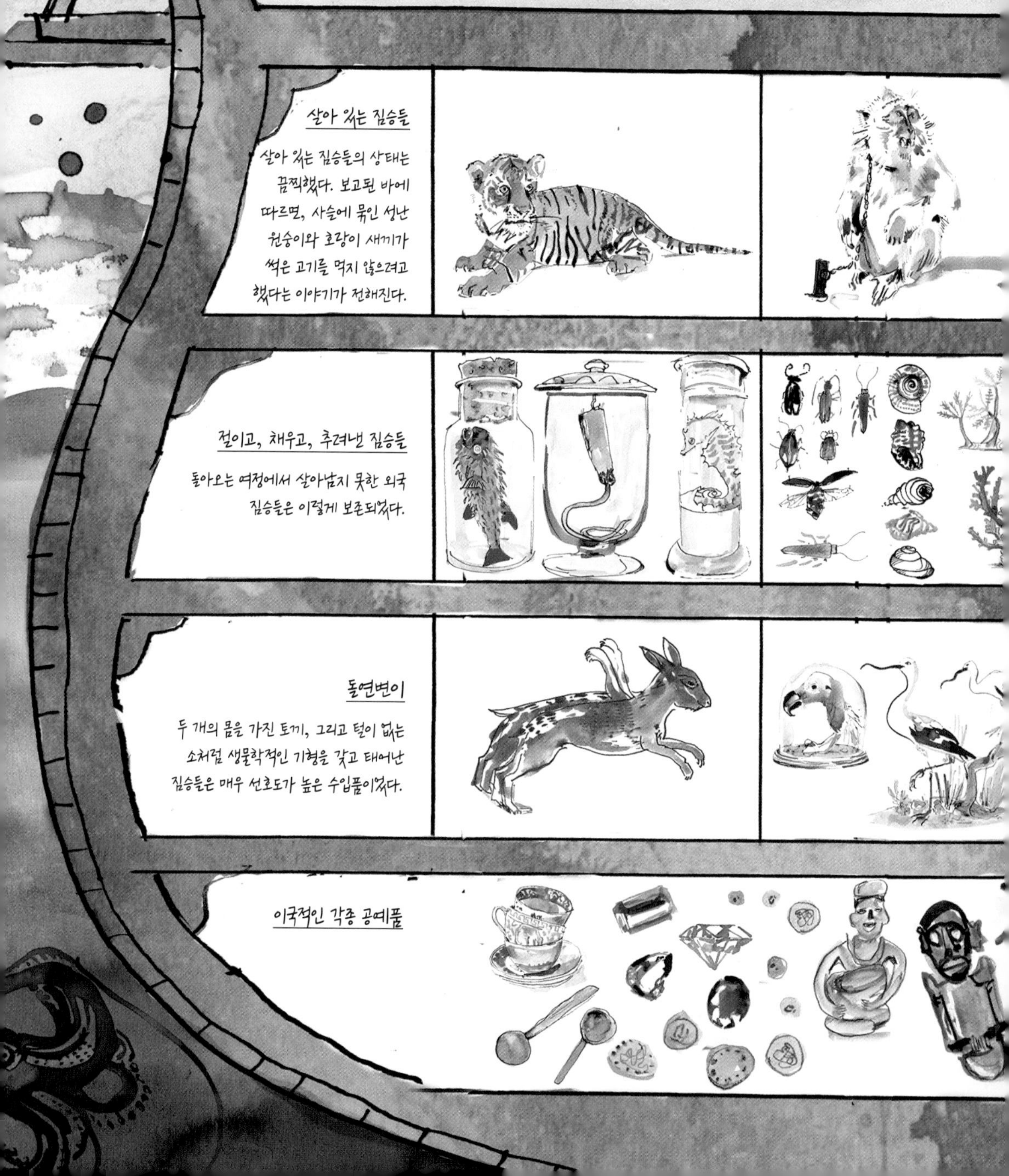

그렇게 짐승들을 절이고 속을 채워서 표본으로 만들면 그것들은 카를로스 3세의 자연사 수집품Natural History Cabinet의 일부가 되었다. 반면에 살아남은 동물들은 카를로스 3세가 설립한 공원 내부에 살게 되었다. 고야는 카를로스 3세와 카를로스 4세의 궁정 화가를 지내면서 그들의 수집품을 눈으로 보았을 것이다. 그 당시 스페인에 만연했던 수집광 욕구(특히 기이한 것들에 집착하는 욕구)는 고야의 작품에도 반영되어 있다.

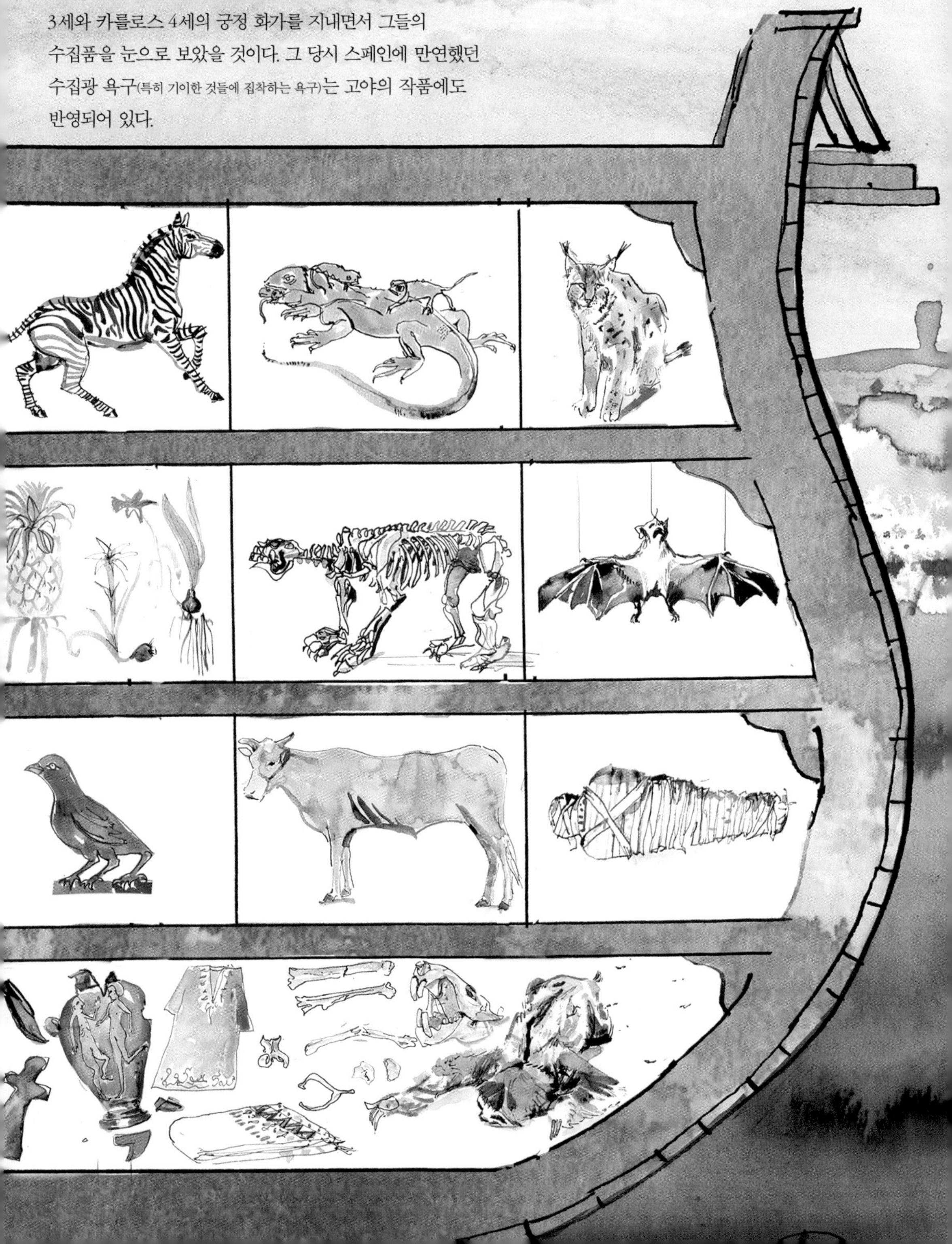

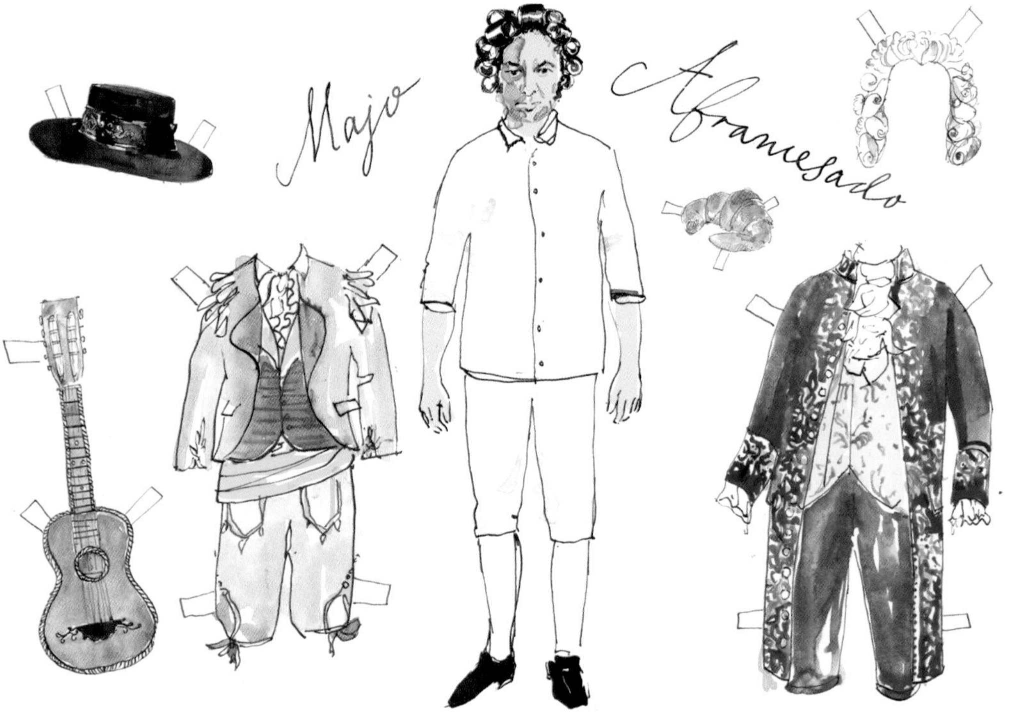

마호majo 문화를 받아들인 고야

5년이 흐른 뒤, 1780년이 되자 갑자기 태피스트리 연작에 쓰일 궁정의 지원이 바닥나게 된다 (그리고 1783년이 되어야 재개된다). 그때, 프란시스코 바이유는 고야와 라몬 바이유를 사라고사로 돌아오게 한 후, 도시의 성당을 장식하는 일을 맡긴다. 하지만 고야의 작품은 성당의 관계자들로부터 비판을 받게 된다. 그가 그린 여성 인물들 중 일부가 '경우에 맞지 않고 고상하지 못한' 모습으로 묘사되었기 때문이다. 그래서 프란시스코는 그 작품들을 '고치라'는 요청을 받게 되고 그 말을 들은 고야는 이성을 잃었다. 그러자 수도사들 중 한 명이 고야에게 싸움을 벌이지 말라는 주의를 주었다. 그렇게 하지 않는다면 고야가 '허영심이 강하고 다루기 어려운' 사람으로 보일 것이라는 경고였다. 그는 '당시 바이유가 현존하는 최고의 예술가지만, 고야 당신은 (비록 재능은 더 있을지도 모르지만) 아직 풋내기에 지나지 않으니…' 라는 주의를 주었다.

그 후 마드리드로 돌아온 고야는 도시의 향락에 몸을 맡겼다. 태피스트리 공장에서 고야가 한 작업(그리고 처남들을 통해서 얻게 된 명성)을 통해서 고야는 궁정에도 자신의 이름을 알렸다. 고야는 궁정에서는 제법 고상하게 프랑스식 의복을 입었다. 하지만 궁정 밖에서 고야는 마호majo 스타일의 옷을 입기도 했다. 스페인의 국가적인 자부심을 드러내는 표현인 마이스모majismo는 집시의 삶을 이상적으로 그린 것에서 비롯되었다. 그리고 이것은 곧 귀족 계층과 왕실에서도 사용되는데, 격식을 차리지 않는 자리에서 쓰였다. 심지어 고야는 자기 자신을 마호 복식을 입은 모습으로 그리기도 했다. 그 작품에서 고야는 짧은 투우사 재킷, 앞부분에 레이스가 달린 셔츠, 땋지 않고 늘어뜨린 긴 머리를 가진 모습으로 묘사되어 있다. 이 모습은 신경 써서 차려입은 것이면서도 동시에 자유로운 분위기를 표현한 것이다. 또한, 고야는 티플리tiple라고 불리는 작은 아라곤 기타를 갖고 있었는데, 그는 최신 유행곡들을 수집해서 마틴 사파테르와 함께 나누곤 했다.

'내 스스로가 만든 발명품'

마드리드로 돌아온 고야는 곧 왕실의 의뢰를 받아 산프란시스코 엘 그란데 성당Church of San Francisco el Grande의 제단화를 그리게 된다. 그리고 고야가 '존경하는 바이유 님'이라고 비꼬았던 인물인 바이유가 다른 제단화를 그리게 된다. 고야는 이것을 '내고야가 가진 능력을 의심했던 그 사악한 자들' 에게 보여주었다. 그리고 그는 그 작품에 자랑스러운 자신의 자화상을 끼워 넣었다. 그의 형제인 카밀로Camilo는 고야의 성공을 질투하는 자들에 대해서 이렇게 썼다. '그 자들은 고야가 칭송받거나 다른 사람들에 비해 크게 높은 대우를 받는 것을 참을 수가 없는 모양이야.'

그리고 태피스트리 밑그림 작업이 재개되었다. 그러나 이제 고야는 자신이 더 큰 일을 할 자격이 있다고 느끼기 시작했다. 1776년부터 고야는 자신의 그림들을 '내 스스로가 만든 발명품' 이라고 표현했다. 하지만 그 작품들은 태피스트리를 제작하기 위한 모형이었지 그 자체로는 예술 작품이라고 할 수 없었다. 그때 고야의 임무는 '좋으신 늙은 왕'이 다스리며 해가 밝게 빛나는 세상에서 사람들이 행복하게 살아가는 모습을 그리는 것이었다. 하지만 고야에게 그 임무들은 점점 지루해졌다. 이제 고야는 귀족 계층에게 의뢰를 받은 초상화가 그리고 싶어졌다.

루이스 파레트Luis Paret가 그린 〈궁정에 들기 전 식사를 드는 카를로스 3세Charles III Dining before the Court〉에 묘사된 거대한 태피스트리 작품들을 보면 태피스트리가 벽을 장식하는 데 얼마나 중요한 요소였는지 알 수 있다. 그림에서 카를로스 3세는 궁정의 사람들을 맞이하고 있다. 그 사람들은 전부 서 있는데, 그 이유는 바로 궁정에서는 사람이 아닌 개들만 앉아 있도록 허락을 받았기 때문이다. 루이스 파레트는 카를로스 3세의 남동생이며 추기경이었던 돈 루이스Don Luis de Borbón의 궁정 화가였다. 그러나 그를 위해서 매춘부들을 구해다 주었다는 추문이 퍼지게 되고, 루이스 파레트는 푸에르토리코로 추방된다. 그 후 돈 루이스는 종교적인 맹세를 깨고 결혼을 한다. 돈 루이스는 아레나스 데 산페드로Arenas de San Pedro로 추방되는데, 이는 마드리드에서 100마일이나 떨어진 곳이었다. 1783년과 1784년에 고야는 그곳으로 호출되어서 돈 루이스의 가족들의 초상화를 그렸으며 사냥도 하게 되었다.

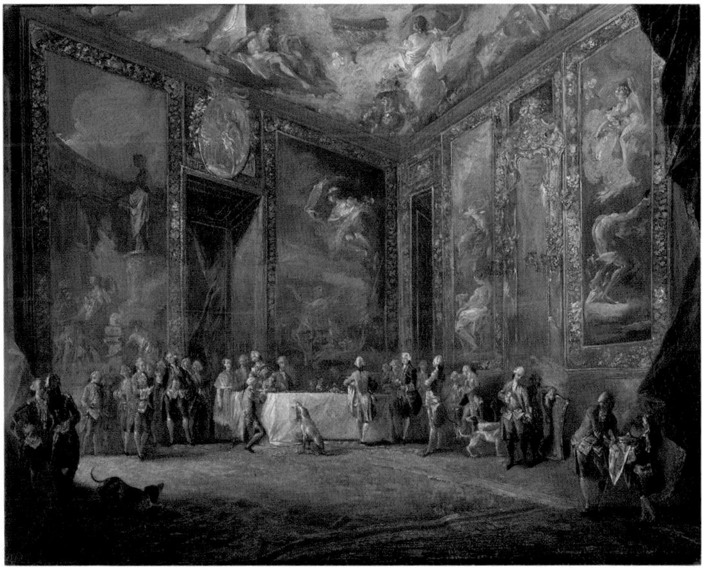

궁정에 들기 전 식사를 드는 카를로스 3세
Charles III Dining before the Court

루이스 파레트, 1775

패널에 유화

50 × 64 cm(19 11/16 × 25 3/16 in)

프라도 미술관, 마드리드

'이 일은 내게 아주 큰 가치가 될지도 모른다네'

1783년 1월, 고야는 그때까지 그가 받은 것 중 가장 중요한 의뢰를 받게 된다. 이는 카를로스 3세의 장관인 호세 데 모니뇨 백작José de Moñino, Count of Floridablanca의 초상화를 그리는 것이었다. 그는 고야에게 산프란시스코 엘 그란데San Francisco el Grande의 작품을 의뢰했던 사람이었다.

이에 대해서 고야는 마틴 사파테르에게 이렇게 썼다.

> "아무에게도 알리지 말게. 내 아내는 이미 알고 있고, 나는 자네만이 이것을 알았으면 하네…이 일은 내게 아주 큰 가치가 될지도 모른다네. 이 신사분께 내가 굉장한 빚을 지게 되었네. 백작님과 저녁 식사 후 두 시간 동안을 함께 있었다네…"

한 영국인 여행자는 호세 데 모니뇨 백작을 '자그마한 남성이며, 그 눈동자를 보고 판단하자면 그는 극심한 건강 염려 증세가 있는 사람이다…'라고 표현했다.

고야는 자신의 모습을 호세 데 모니뇨 백작보다 더 키가 작은 모습으로 옆에 그렸다. 그래서 '자그마한 남성'이라고 묘사되는 백작의 키가 실제보다 큰 것처럼 보이게 만든 것이다. 고야의 화려하게 땋은 머리는 그를 하류층으로 보이게 만드는 반면, 백작은 눈에 띄는 모양의 가발을 쓴 모습으로 등장한다. 작품 속에서 백작이 입은 화려한 금빛으로 수놓은 붉은 주황색 벨벳 수트, 그리고 하늘색 비단 끈이 달린 회색빛이 도는 새틴 코트에 비하면 고야의 어두운 옷은 눈에 띄지 않는 차림이다.

고야는 돋보기를 들고 있는 백작을 향해서 그림을 보여주고 있다. 하지만 호세 데 모니뇨 백작은 근엄한 표정으로 정면을 바라보고 서 있다. 그 때문에 그의 짙은 푸른 눈동자가 도드라져 보이는데, 백작을 묘사하는 글을 썼던 영국인 여행자는 그의 눈동자에서 깊은 인상을 받은 것이다. 백작의 뒤에는 미소를 짓고 있는 왕의 초상화가 걸려 있고, 그 밑에는 피곤해 보이는 궁정의 공무원이 서 있다. 종이와 함께 책상에 놓인 거대한 시계는 밤 10시 30분이라는 시각을 나타내고 있는데 이것은 호세 데 모니뇨 백작이 국민들을 위해서 고되게 일한다는 것을 강조하는 요소다.

하지만 고야는 그의 고객에게 지나치게 아부했던 것일지도 모른다. 몇 달이 지난 후, 고야는 마틴 사파테르에게 이런 편지를 썼다.

> "내 친구여, 호세 데 모니뇨 백작께서는 아무런 소식도 주지 않으셨네. 심지어 내가 그 초상화를 그리기 전보다도 의뢰에 대한 아무런 말이 없으시다네. 하지만 나는 결코 그분을 귀찮게 해 드릴 생각은 없네. 왜냐하면, 현명한 사람들이 내게 충고를 해 주기를, 백작께서 아무런 말도 없으시고 소식이 없다는 사실은 좋은 징조라고 하네. 백작을 모시게 된 후, 그분께서 내게 하신 말 중 가장 길었던 말은 '고야, 나중에 시간이 더 있을 때 다시 만나세.'였다네. 더는 자네에게 말해줄 수 있는 것이 없네."

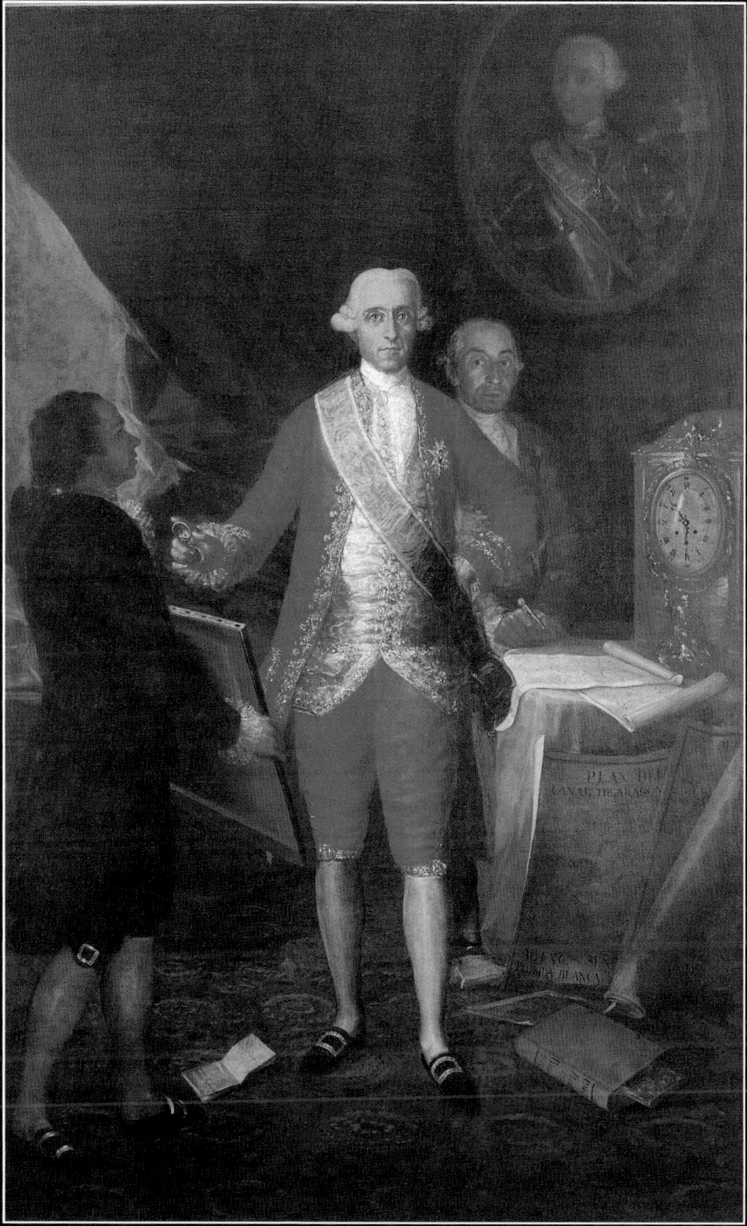

플로리다블랑카 백작인 호세 데 모니뇨가 고야와
건축가 프란시스코 사바티니와 있는 모습
José de Moñino, Count of Floridablanca, with Goya and the Architect Francisco Sabatini

프란시스코 고야, 1783

캔버스에 유화
260 × 166 cm(102⅜ × 65⅜ in)
방코 우르키요 컬렉션, 마드리드

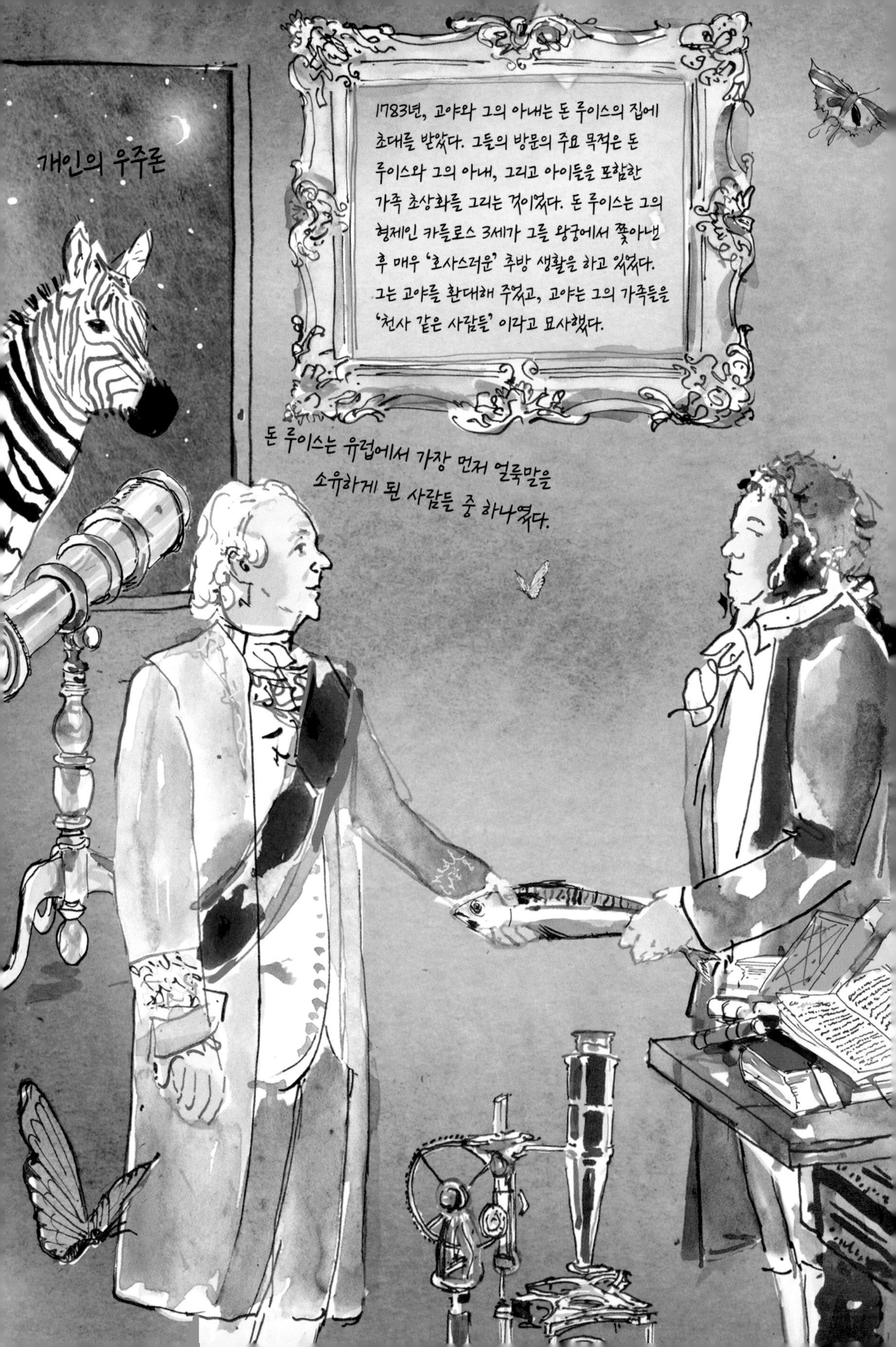
개인의 우주론
1783년, 고야와 그의 아내는 돈 루이스의 집에 초대를 받았다. 그들의 방문의 주요 목적은 돈 루이스와 그의 아내, 그리고 아이들을 포함한 가족 초상화를 그리는 것이었다. 돈 루이스는 그의 형제인 카를로스 3세가 그를 왕궁에서 쫓아낸 후 매우 '호사스러운' 추방 생활을 하고 있었다. 그는 고야를 환대해 주었고, 고야는 그의 가족들을 '천사 같은 사람들' 이라고 묘사했다.
돈 루이스는 유럽에서 가장 먼저 얼룩말을 소유하게 된 사람들 중 하나였다.

돈 루이스는 계몽주의자였으며, 보는 눈이 뛰어난 수집광이었다. 그의 수집품들은 계몽주의 정신의 축소판이었다. 그의 수집품은 특히 과학, 식물학, 그리고 인류학에 집중되어 있었다. 돈 루이스가 소유한 호기심 창고에는 가장 희귀한 짐승들이 전시되어 있었다.

그리고 그의 도서관에는 박제된 동물, 과학 용품, 그리고 예술품들이 나란히 전시되었는데, 이것은 초현실주의적 판타지를 드러낸다.

돈 루이스의 이런 환경이 고야로 하여금 놀라운 존재에 대해 더욱 흥미를 갖게 만든 것이 분명하다.

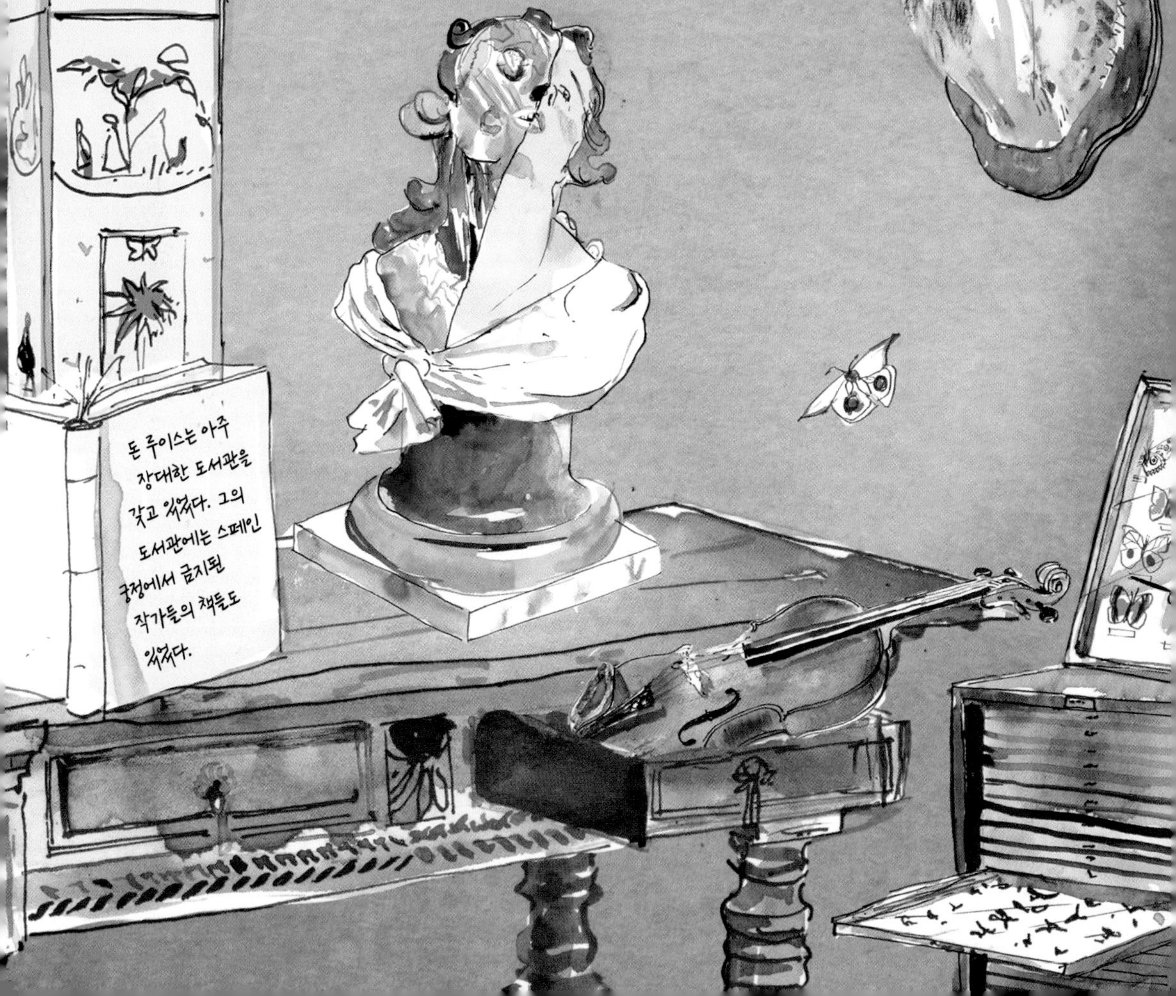

격식 없는 초상화

이 작품에서 돈 루이스는 궁정에서 아내와 카드게임을 하는 모습으로 등장한다. 저녁 시간인데, 그의 아내는 카드게임을 하면서도 머리 손질을 받고 있다. 촛불 하나가 그녀의 흰 가운, 창백한 얼굴과 검은색 눈동자를 비추고 있다. 그녀의 시선은 깊은 그림자를 내뿜는 물체들을 반사하며, 빛의 극적인 효과를 보여준다.

작품에 등장하는 다른 인물들은 모두 서 있다. 마치 루이스 파레트가 그린 카를로스 3세의 초상화에서 개들만 앉아 있도록 허락을 받은 것처럼, 이 작품에서는 고야만이 홀로 앉아 있다. 그는 보는 이들을 등지고 그림을 그리고 있는데 작품을 감상하는 사람은 고야의 옆모습만을 볼 수 있다.

이 작품의 구성은 스페인 왕가를 하나의 가족으로 표현하는 전통에서 빌려온 것이다. 이것은 벨라스케스Velázquez가 그렸던 거대한 단체 초상화인 '펠리페 4세의 가족The Family of Philip IV'과 연관성을 보이는데, 벨라스케스가 그린 그림은 후에 〈시녀들Las Meninas〉이라는 제목이 붙는다. 벨라스케스가 그랬듯이, 고야도 화가 자신을 그 가족의 일원으로 작품에 등장시켰다.

벨라스케스가 〈시녀들〉에서 그랬던 것처럼, 궁정의 아이들 중 한 명은 화가가 작업하는 모습을 바라보는 것으로 묘사된다. 이 작품에서 작은 금발머리 소녀인 마리아 테레사María Teresa는 고야의 캔버스를 쳐다보고 있다. 그리고 그녀의 오빠인 루이스 마리아Luis María가 그의 연로한 부친의 뒤에 꼿꼿이 서 있다. 두 부자의 옆모습을 보면 젊음과 노년의 대조적인 차이가 드러난다.

이 작품과 벨라스케스의 〈시녀들〉과 비슷한 점이 또 하나 있는데, 바로 이 작품에서 돈 루이스의 가족은 궁정의 고용인들과 함께 등장한다는 것이다. 작품에 등장하는 키가 큰 이탈리아 출신 첼리스트는 루이지 보체리니Luigi Boccherini라는 궁정 작곡가인데, 독특한 옆모습을 가진 인물이다. 그리고 가정교사는 어린 아기인 마리아 루이사 페르난다María Luisa Fernanda를 안고 있는 모습이다. 두 명의 시녀들은 마리아 부인의 모자를 들고 서 있다. 체구가 뚱뚱한 신사는 돈 루이스의 비서다. 붕대로 머리를 감싼 남성은 가발을 쓰려고 기다리고 있는데, 그의 편히 쉬는 자세와 호탕한 미소는 궁정 화가인 알레한드로Alejandro de la Cruz의 화가 난 표정과 대조를 이룬다. 궁정 화가 알레한드로는 단 한 번도 가족 초상화를 그려 달라는 의뢰를 받은 적이 없다. 고야가 '다른 화가들은 이런 작업을 하지 못했다...'라고 자랑했을 때, 그는 분명하게 이 사실을 염두에 두고 말했던 것이다.

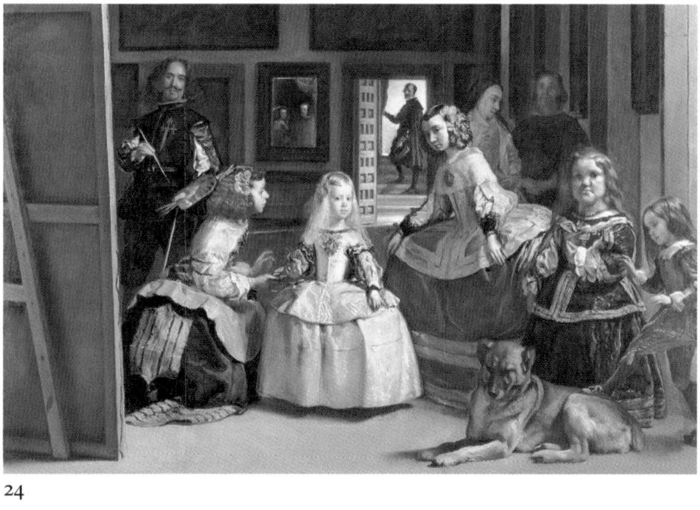

시녀들(전체 그림의 일부)
Las Meninas

디에고 벨라스케스, 1656

캔버스에 유화
318 × 276 cm(125⅕₁₆× 108¹¹⁄₁₆ in)
프라도 미술관, 마드리드

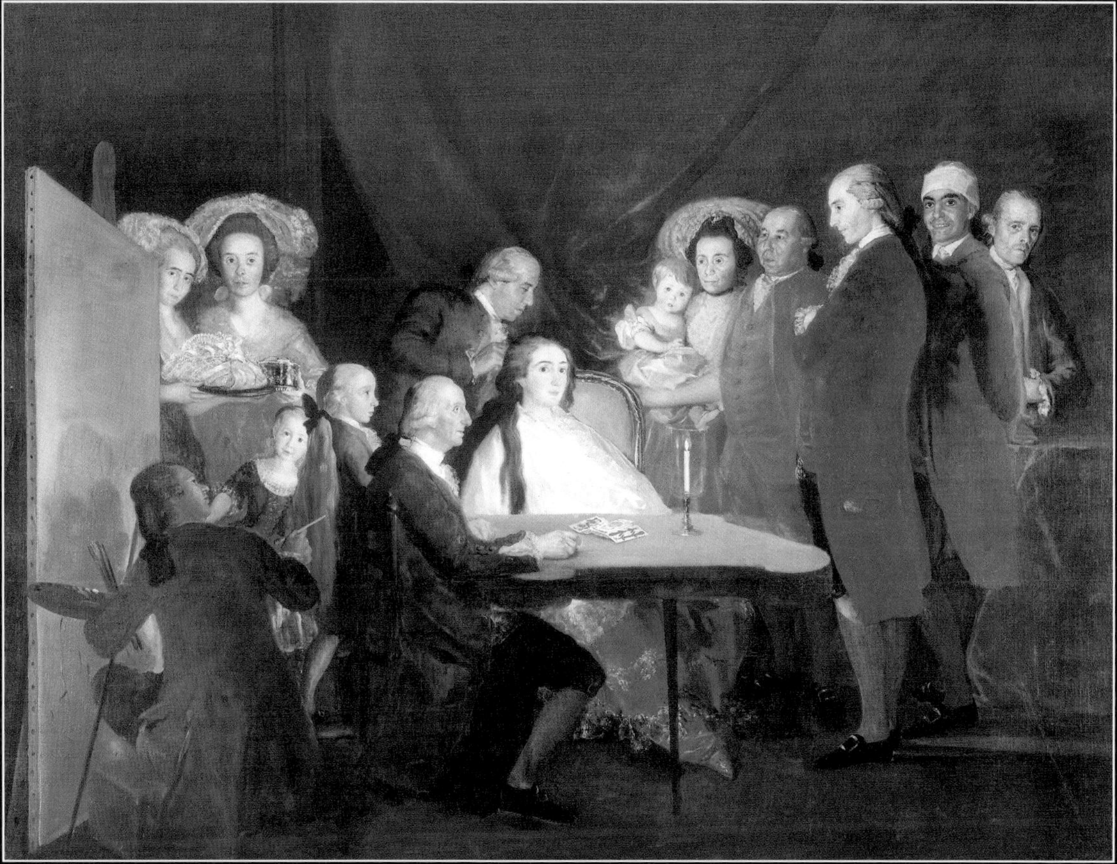

돈 루이스 대군 가족
The Family of the Infante Don Luis de Borbón

프란시스코 고야, 1783~1784

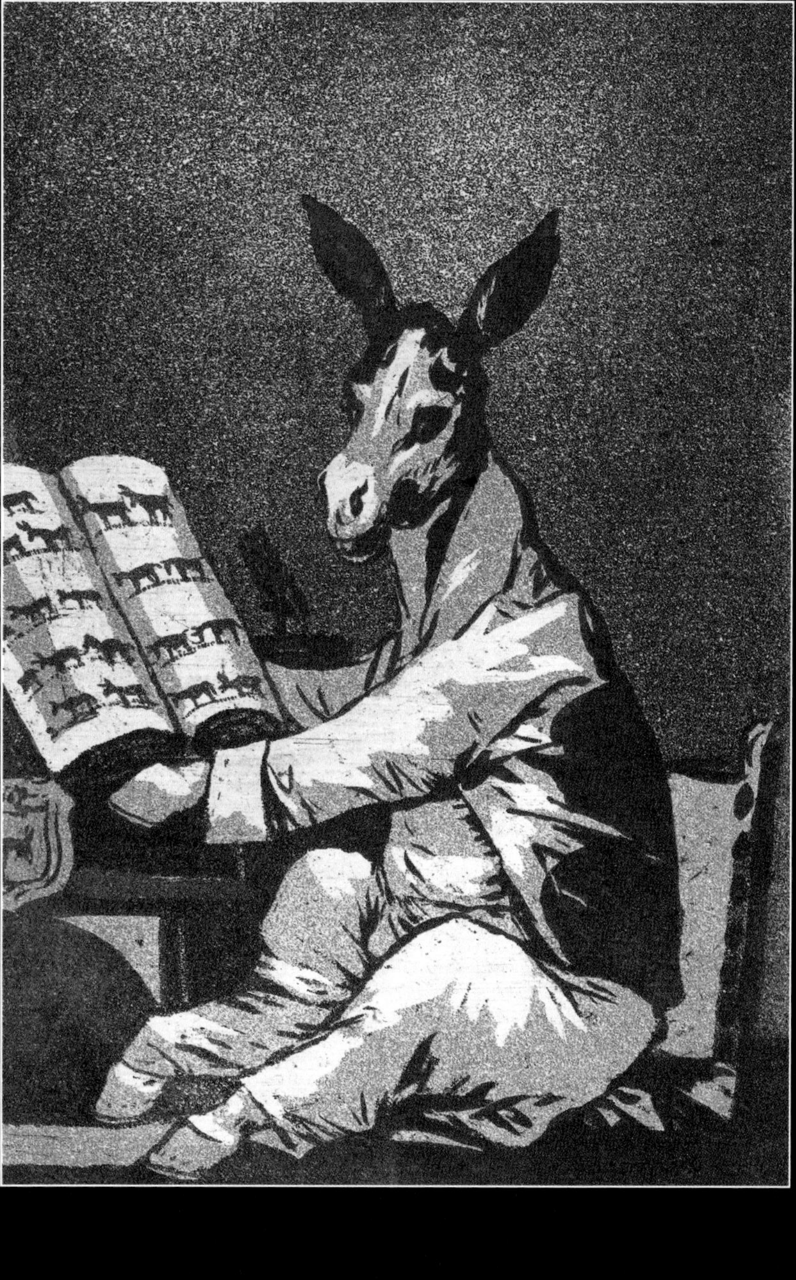

그리고 그의 조부도 그러했다(《변덕》 판 39)

And So Was his Grandfather (Asta su Abuelo)

Los Caprichos plate 39

프란시스코 고야, 1797~1798

레이드지에 애쿼틴트
21.4 × 15 cm(8 7/16 × 5 15/16 in)
국립박물관, 암스테르담, RP-P-1921-2060

왕을 위해 일하는 화가

1786년, 40세의 고야는 카를로스 3세의 궁정 화가로 임명받았다. 그리고 카를로스 4세가 1788년에 그의 아버지에 이어 왕이 되었을 때도 고야는 연봉을 인상 받으면서까지 궁정 화가로서의 입지를 지켰다.
또한 1785년부터 고야는 왕립 아카데미의 회화부 부감독을 맡았다.

> '나는 질투를 받을 만한 삶을 살고 있다네' 라고 고야는 표현했다. 이어서 고야는 '만약에 누군가 내게서 바라는 것이 있다면, 그들은 내게 찾아온다네…높은 계급의 사람이 아니라면 말일세…나는 그런 사람들을 위해서는 일하지 않네'라고 썼다.

고야는 상류 사회에서 성공 가도를 달리고 있었다. 그는 그 역시도 높은 사회계급을 수여받을 것이라고 내심 생각했다. 1790년에 고야는 그의 가문에 귀족 출신이 존재했는지 찾아보기 시작했지만 아무런 증거도 찾지 못했다.
그로부터 몇 년이 지난 후, 고야는 그의 유명한 작품인 〈변덕Caprichos〉 판화 연작을 제작하면서 자신의 젊은 시절을 그림으로 그렸다. 이 작품에서 고야는 허영심에 차서 사회적인 계급 상승을 노리는 모습으로 스스로를 묘사했는데, 그는 한 마리의 당나귀가 가계도를 보여주는 모습으로 등장한다. 그리고 당나귀가 보여주는 가계도의 구성원은 하나도 빠짐없이 당나귀의 모습을 하고 있다!

왕의 화가로서 고야는 왕실의 수집품을 꽤 손쉽게 접했을 것이다. 왕이 소유한 신비로운 동식물을 표현한 판화 작품들과 자연계에서 수집한 기묘한 것들로 가득한 왕실의 호기심 창고를 고야는 쉽게 접했을 것이다. 왕의 수집품 중에는 16세기의 플랑드르 화가 히에로니무스 보스Hieronymus Bosch의 대표작들 중 일부도 있었다. 히에로니무스의 작품 속에 등장하는 지독하게 기분 나쁜 환상들이 고야에게 영감을 주어서 그로 하여금 전쟁의 끔찍한 공포와 인간의 잔인함을 표현하는 독창적인 시각적인 언어를 창조하도록 도움을 주었을 것이다. 여기서 기묘한 사실은, 히에로니무스 보스가 작품에서 표현한 악마 같은 반인반수의 괴물들은 스페인 왕실이 집착했던 기묘한 동물들과도 유사성을 찾을 수 있다는 점이다. 또한, 히에로니무스 보스가 묘사한 괴물들은 고야가 작품에 묘사하는 상상 속의 짐승과도 유사성을 띤다.

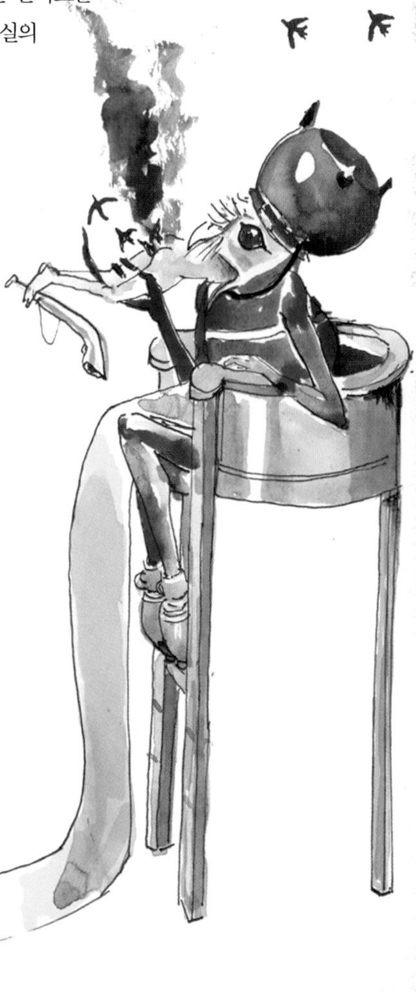

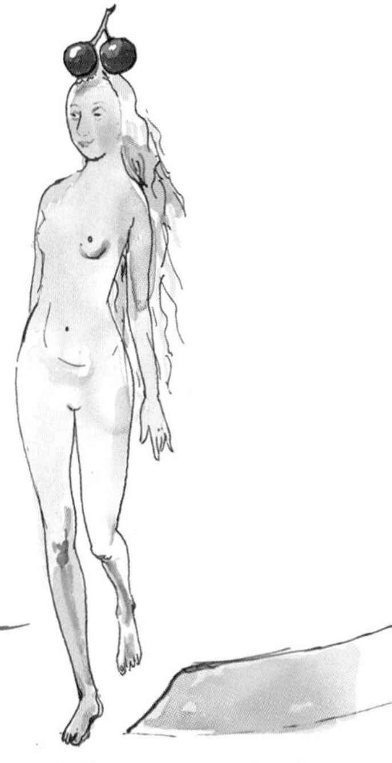

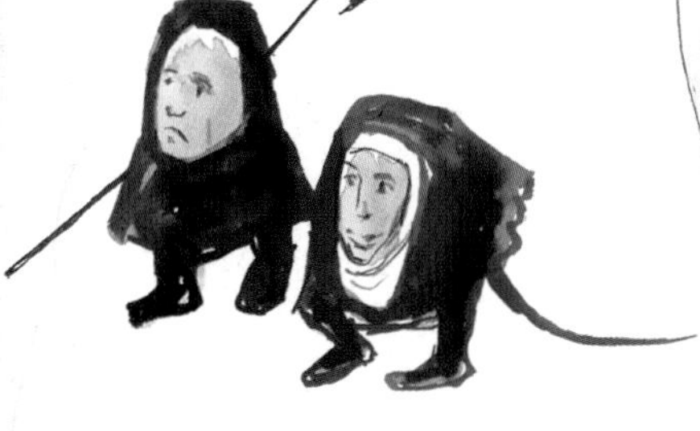

고야의 새 마차

고야는 그가 카를로스 3세의 화가로 임명된 것을 기념하기 위해서 1786년에 지붕이 없는 최첨단 이륜마차를 구매했다. 이제 고야는 마드리드에서 진정한 성공을 이루었고, 더 이상 그는 고작 사라고사 출신의 어린 소년이 아니었다.

'마차에서 떨어진 것 때문에 나는 다리를 절고 있는 것이라네...마차는 정말이지 아름답다네 마드리드에 그와 비슷한 마차는 단 세 대뿐이라네. 그것은 영국제이고, 영국에서 제작되었네. 오, 사람들이 멈추어 서서 내 마차를 바라보는 모습을 좀 보게.'

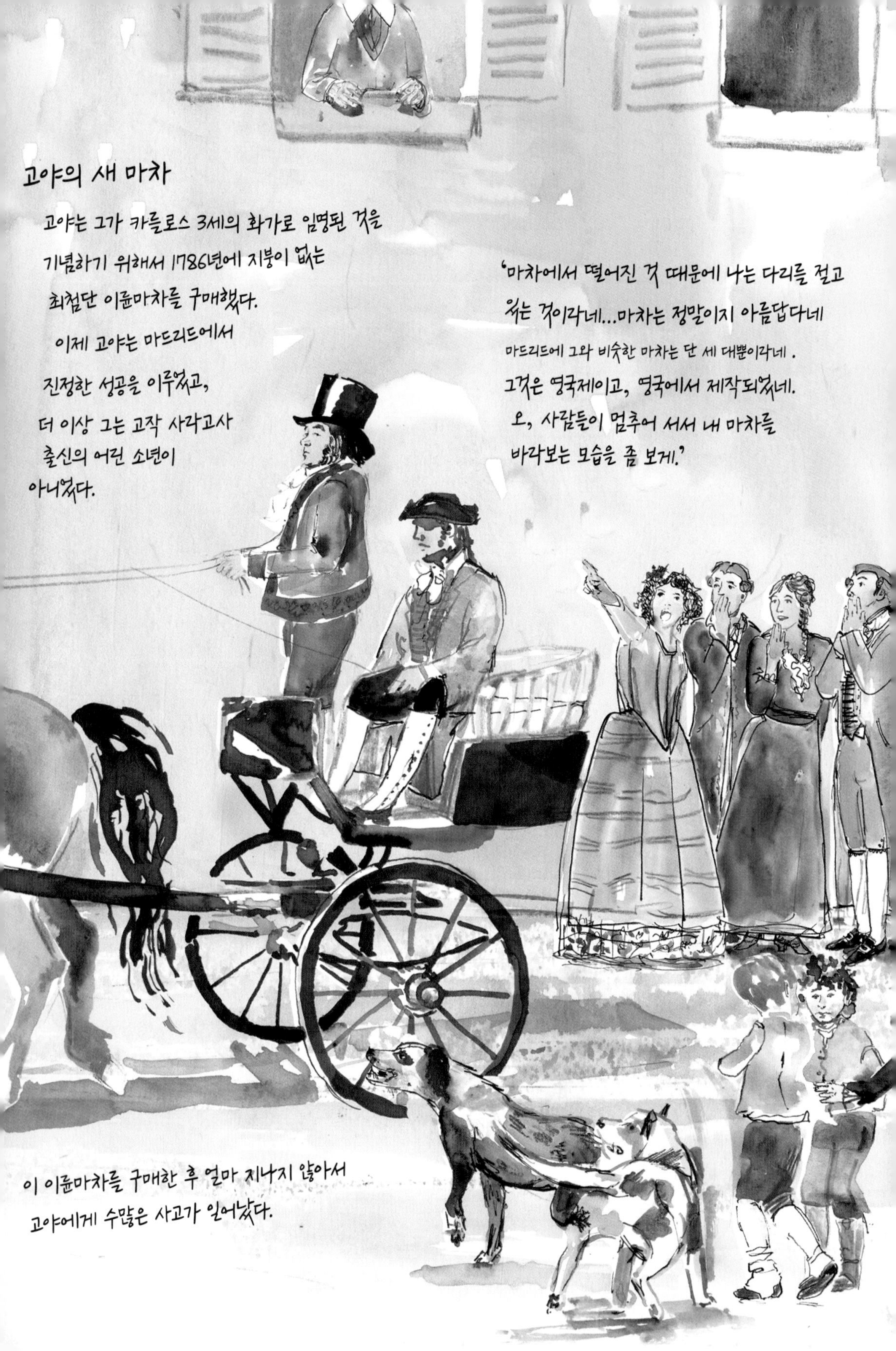

이 이륜마차를 구매한 후 얼마 지나지 않아서 고야에게 수많은 사고가 일어났다.

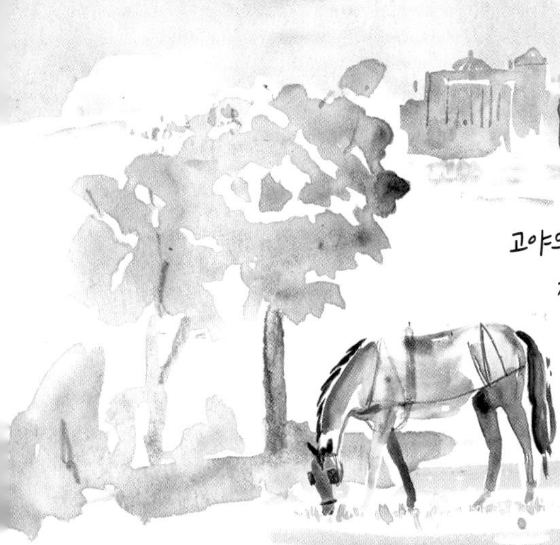

고야의 운전수는 그를 도시 밖으로 데리고 가서
전속력으로 방향을 트는 방법을 손수 가르쳐 주려고 했다.
하지만 전해진 바로는 '마차, 말, 그리고 우리' 모두가
계속해서 뒤집히고 말았다고 한다.

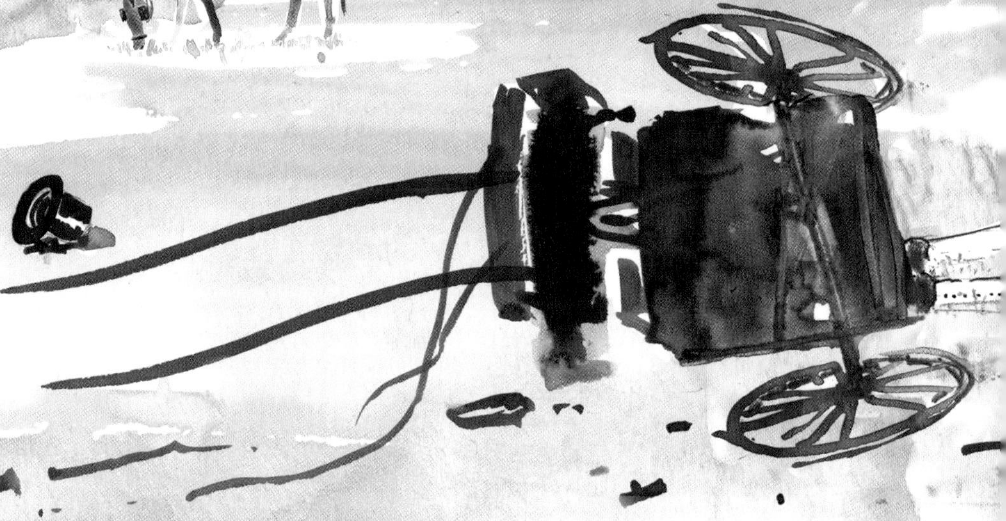

그 후로 일 년이 지나자 고야는 완전히 질려 버렸다.
'그 따위의 것은 더 이상 필요 없네. 하루는 마차가 뒤집히는 바람에
길을 걷던 사람 한 명을 거의 죽일 뻔했네. 그리고 마차에서 쉽게
나올 수도 없었고. 그래서 나는 내 형제 토마스에게 편지를 써서
노새나 두 마리 사달라고
할 생각이라네.'

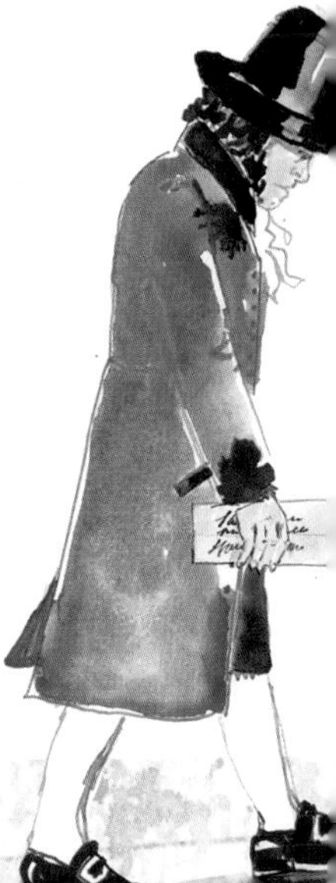

결혼식

이 시점에서 고야의 작품에 변화가 일어난다. 이전의 태피스트리 밑그림들은 편하게 감상할 수 있는 작품이었는데, 고야의 새로운 작품에는 이전에 존재하지 않았던 불안감이 드러났다. 이 변화는 당시 사회의 변화하는 태도를 반영하는 것이다. 당시의 사람들은 관습과 전통적인 행동 방식에 대해서 비판적인 시각을 갖기 시작했다. 사회적인 변화가 드러남에 따라서 고야의 작품에도 불안하고 불편한 분위기가 생겨난다. 스페인의 계몽주의자들(계몽화된 사상가들로 과학, 예술, 그리고 사회 개혁에 있어서 진보적인 움직임을 지지하는 사람들)은 프랑스 혁명에서 주장하는 보다 급진적인 사상을 결코 받아들이지 않았다. 말하자면, 스페인의 계몽주의자들은 보통 선거권을 주장하지는 않았다. 스페인의 계몽주의자들은 굉장히 이기적인 관심사를 가졌다. 그들 중 대부분은 부유한 지주였으며, 자신의 부와 이득을 늘릴 수 있는 토지 및 무역 개혁에 관심을 두었다. 하지만 동시에 계몽주의자들 사이에는 사회적인 변화가 필요하다는 의식 또한 존재했다. 그리고 그것은 고야가 표현하는 '불안감'에 드러난다. 고야의 작품 〈결혼식The Wedding〉은 어린 여자아이들을 나이가 훨씬 더 많은 (그리고 부유한) 남자와 결혼시키는 관습을 풍자하는 작품이다. 이 그림에서 폐허가 된 배경은 구식 관습을 상징하는데, 그 배경은 바로 무너져 내리는 고대의 석조 아치 앞이다. 그림에서 '할아버지'로 등장하는 인물은 상징적으로 뒤편을 강조하는 동시에 부서진 계단을 이용해서 내려오고 있다.

고야의 이전 작품들에도 연극 장면과 닮아 있는 배경들을 찾아볼 수 있다. 이 작품에서 중앙에 위치한 인물이 바로 신부인데, 그녀는 강렬한 하얀 햇볕 조명을 받고 있다. 신부는 예쁘장한 십대 여자아이로, 머리에는 쪽을 지었고 강렬한 느낌을 주는 어두운 마하maja 드레스를 입었으며 쇠로 조이는 하얀색 새틴 구두를 신었다. 그리고 그녀의 신랑은 이런 모습으로 등장한다. 그는 중년의 남성으로 원숭이처럼 생긴 얼굴은 그의 욕정을 상징한다. 그는 여자아이의 소매를 당기면서 그녀의 목덜미 가까이에 숨을 내쉬고 있는데, 그의 욕정이 드러나는 모습이다. 붉은 얼굴을 가진 성직자는 코가 주먹코인데, 이 성직자가 자신의 손을 카속(역주: 성직자들이 입는 옷.) 안으로 몰래 집어넣는 모습은 부패한 거래가 이루어졌음을 상징하는 것이다. 아마도 이 성직자가 결혼식을 계획했을 것이다.

그들 앞에는 짧은 마호majo 재킷을 입고 삼각 모자를 쓴 남자가 있다. 그는 부랑자들과 어린 아이들과 함께 있는데, 오보에의 한 종류를 연주하는 중이다. 그 소년들 중 한 명은 수레 위에 서서 두 팔을 공기 중에 벌리고 있다. 이는 '바람피운 남성의 뿔cuckold's horns (역주: 이탈리아에서 상대방을 모욕하는 언어 중 한 가지로 바람둥이 남성을 상징할 때 쓰임.)'을 나타내며, 부정不貞과 사사로운 이익을 보기 위해 결혼하면 그런 결과를 낳는다는 것을 상징한다. 이 작품에 등장하는 미소 짓는 얼굴들은 모두 가식적이며, 밝은 햇빛과 인물들이 입은 의상은 조화를 이루지 못하고 있다.

고야는 계속해서 엘 에스코리알 궁전royal palace at El Escorial의 의뢰로 태피스트리 밑그림을 제작했다. 그러나 그는 계약내용 중 마지막 단계인 '재미있는 시골 일상들' 부분은 끝마치지 못했다. 그리고 일 년도 채 되지 않아서 그는 목숨을 건지기 위한 사투를 벌이게 된다.

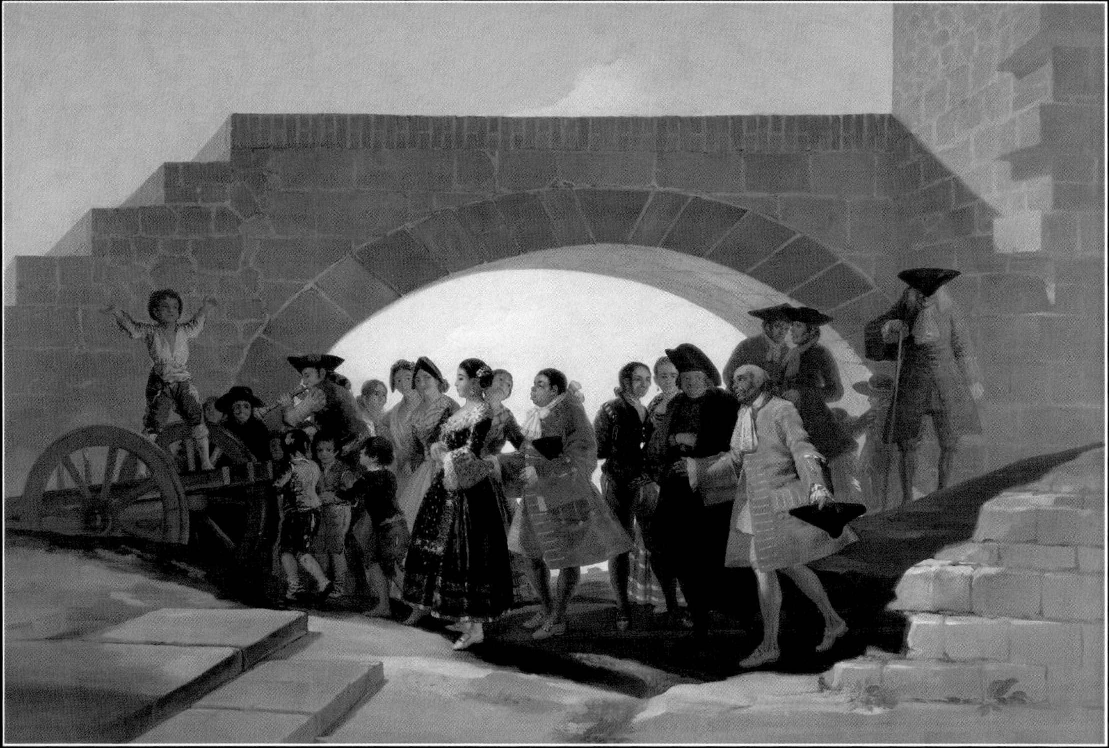

청각을 상실하다

1793년 1월, 고야는 마이스모majismo 가 탄생한 남부의 안달루시아Andalusia 로 향하던 중이었다. 그는 여행 허가를 신청하지 않았는데, 아마도 고야는 왕궁에서 그가 사라진다 한들 아무도 눈치를 못 챌 것이라고 여긴 모양이다.

그곳에서 고야는 부유한 비단 상인인 세바스티안 마르티네스Sebastián Martínez 의 손님으로 머물렀다. 세바스티안 마르티네스는 자수성가한 인물로, 고야의 계몽주의자 동지이며 친구이기도 했다. 그는 또한 친프랑스파afrancesado, Francophile 였고, 1795년에 '불온한' 예술 작품들을 소유했다는 혐의로 종교 재판에 회부되기도 했다. 결국 그는 핍박을 피하는 데 성공했지만 말이다.

고야는 도착한 지 얼마 지나지 않아서 병을 얻었다. 1793년 3월에 세바스티안 마르티네스가 쓴 편지에는 고야가 두통을 겪고 있지만, 2주 정도가 지난 후에는 고야가 회복하고 있다고 적혀 있다. 그는 이렇게 썼다. '고야는 계속해서 머릿속에서 소리가 들리고, 그의 청각 역시 돌아오지 않았소. 하지만 시각은 훨씬 나아졌으며 중심을 잃는 장애는 더 이상 겪지 않는다오. 이제 고야는 계단을 어려움 없이 오르내릴 수 있게 되었소…'
그렇게 고야는 세바스티안 마르티네스의 집에 1793년 5월까지 묵었다.

고야가 앓았던 병에 대해서 한 가지 유력한 가설이 있는데, 바로 그가 납에 중독되었다는 것이다. 이 가설이 특히 신빙성을 얻는 이유는 바로 고야가 그림물감에 위험할 정도로 다량의 백연white lead (역주: 염기성 탄산납)을 사용했기 때문이다. 실제로 고야가 나타냈던 증상은 그 당시 '예술가의 산통artist's colic'이라는 이름으로 알려졌던 병의 증세와 일치한다. 그 후, 고야는 평생을 귀머거리로 살게 된다. 그는 청각 장애를 가지고 살아가는 것이 무척 외로운 삶이라는 것을 깨닫는다. 이제 고야는 더 이상 음악이나 춤, 그리고 활기찬 대화를 즐기지 못하게 된 것이다.

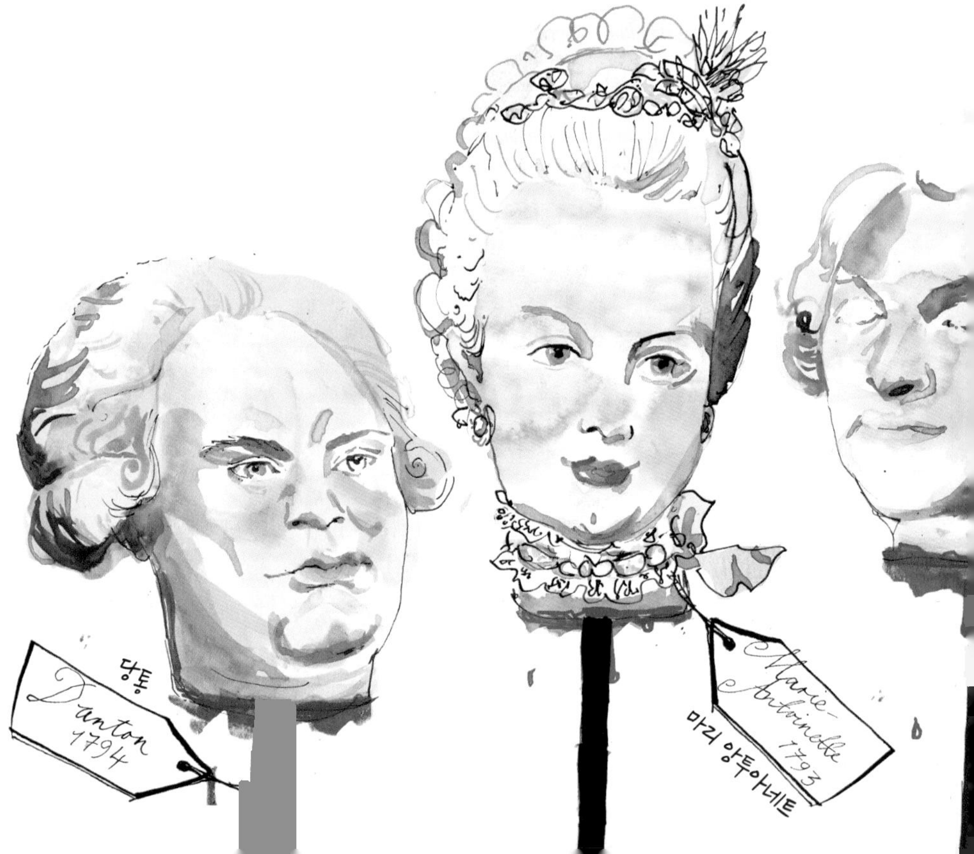

하지만 6개월 동안 회복하던 중 고야는 새로운 영향을 받았고, 이를 반영할 시간을 얻게 되었다. 세바스티안 마르티네스가 소유한 프랑스제 및 영국제 풍자 판화 작품들 중에는 호가스Hogarth의 판화 작품 전체가 있었다. 또한 세바스티안 마르티네스는 프랑스 정치를 탐구하는 열정적인 학도였기 때문에 금지된 프랑스 혁명 팸플릿들도 보유하고 있었다. 고야에게는 이 모든 자료들을 깊이 탐구할 기회가 주어졌다.

1789년에 시작된 프랑스 혁명은 1792년에는 그 정점에 다다랐다. 그 결과 스페인 종교 재판에서는 '프랑스에서 벌어지고 있는 혁명을 보여주는 책, 신문, 인쇄물, 상자, 부채, 공책이나 다른 것들'이 내부로 유입되지 않도록 국경을 단속할 정도였다. 스페인의 계몽주의자들 중 많은 사람들은 왕족이거나 귀족이었는데, 그들에게 이 사건은 그들이 고대하던 변화가 일어남을 시사했고, 동시에 그들의 삶이 막을 내릴지도 모른다는 사실을 의미했다. 스페인 왕의 사촌이었던 루이 16세Louis XVI는 1793년 1월에 반역죄로 재판을 받고 결국에는 단두대로 보내진다. 그렇게 수많은 인물이 처형되었다. 왕가와 관계되었거나 권력을 가졌던 사람이라면 아무도 안전하지 못했다. 마드리드의 궁정도 혼돈에 빠지게 되었고, 계몽주의자들은 그들의 행보에 주의를 기울여야 했다.

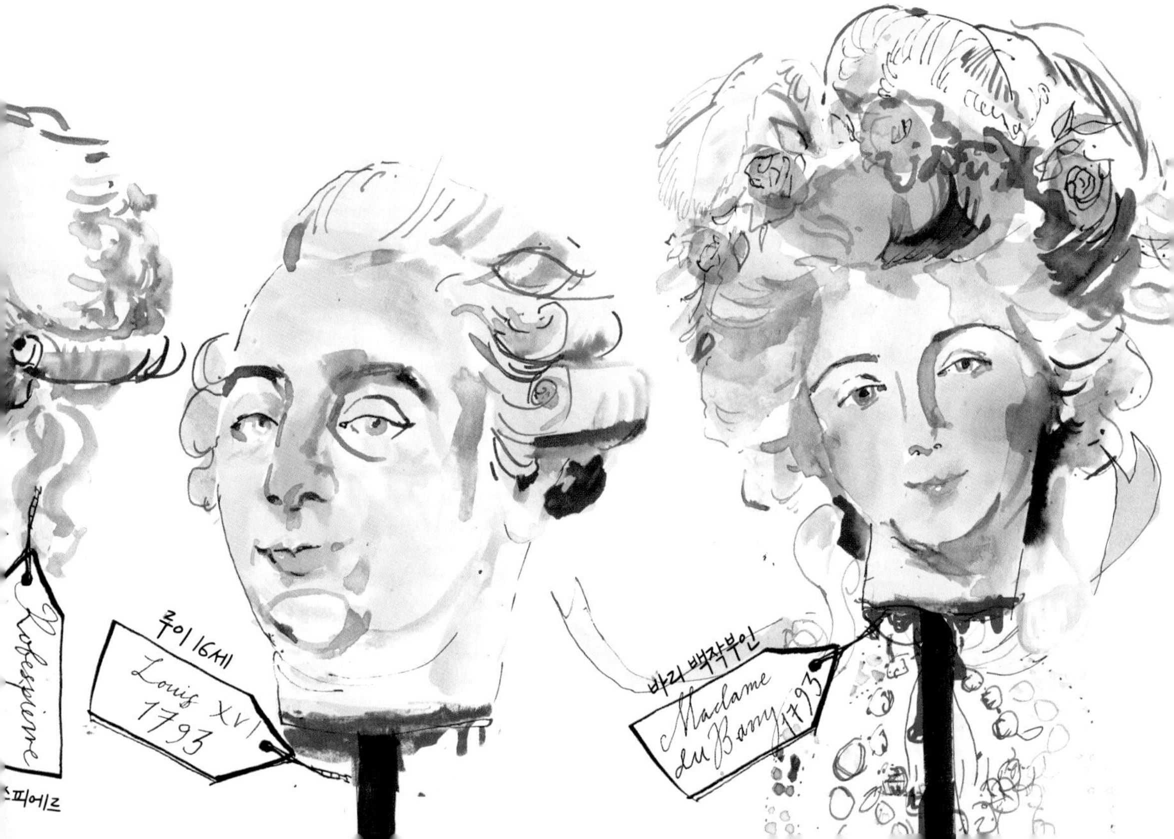

〈변덕〉과 발명

1794년 1월 4일, 고야는 양철판 위에 부착한 11점의 작은 그림들을 마드리드 왕립 아카데미 원장에게 보냈다. 그는 이 편지를 동봉했다.

> 내가 걸린 병에 대해서 생각하자 나는 우울해졌소. 나는 내 상상의 세계를 채우고 또한 병으로 인한 피해를 약간이나마 보상받고 싶은 마음에 그림을 그렸소. 그렇게 나는 소형 그림 작품들에 집중할 시간을 가졌고, 연구를 할 수 있었소. 이는 내가 의뢰를 받아서 작업하는 작품들에는 등장하지 않는 것이오. 변덕 capricho (wit)과 발명invencion (originality)은 아무런 제한을 받지 않고 탄생한 것들이오.

몇 년 동안 고야는 복잡한 의미를 가진 혁신적인 주제를 그림으로 표현하고 싶어 했다. 또한 그는 그런 그림들이 마땅한 평가를 받기를 원했다. 사흘이 지난 후 고야는 연작에 포함된 작품들에 대한 추가적인 설명으로 이런 편지를 썼다. '미치광이들이 들판에 있소. 그리고 그들 중 두 명은 벌거벗은 채로 싸우고 있는 중이라오. 한 사람은 싸우는 둘을 두들겨 패서 진정시키고 있소. 다른 사람들은 모여 있소(내가 사라고사에서 본 것이라오).'

고야가 쓴 많은 글이 그렇듯이, 그의 마지막 문장은 말 그대로 이해해서는 의미를 알 수 없다. 여전히 요양 중이었던 고야가 사라고사의 정신병원을 방문했을 가능성은 거의 존재하지 않는다. 하지만 극장에서 〈사라고사의 정신병원The Madhouse at Saragossa〉을 관람했을 가능성은 있다. 이 장면은 분명하게도 '연출된' 것이며 보는 사람들은 그 행동을 비웃으면서 지켜보는 입장이다.

이 '미치광이의 극장theatre of the mad'은 전통적인 '바보the fool' 작품으로, 프랑스 혁명을 잘 표현해주는 작품이다. 스페인 사람들은 프랑스 혁명을 집단적인 광기로 보았기 때문이다. 고야의 친구이자 극작가인 모라틴Leandro Fernández de Moratín은 그 당시 프랑스에 있었는데, 그는 '프랑스인들이 미쳐 버렸다'고 썼다. 1735년에 호가스가 그린 〈대혼란In Bedlam〉으로 인해서 그 사상에 영감을 받은 것일지도 모른다.

그 당시 고야는 청각을 잃은 상태였기 때문에 태피스트리 밑그림을 그리는 일에서 해방되었고, 더 이상 아카데미에서 가르치지 않아도 되었다. 그래서 고야는 자신의 작업과 초상화를 그리는 일에 몰두할 수 있었다.

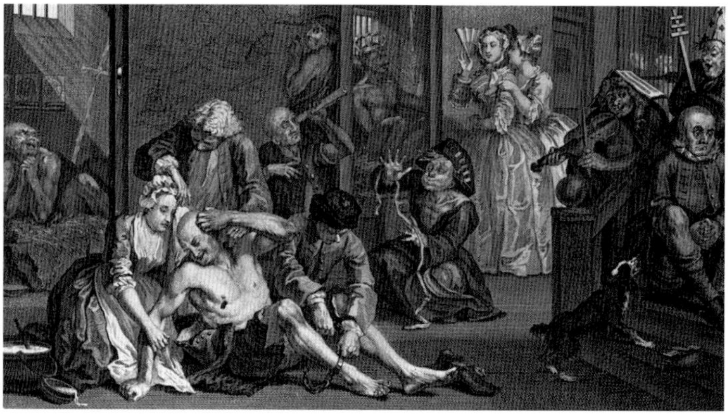

〈탕아의 편력〉 중 '대혼란' 판 8번(전체 그림의 일부)
In Bedlam from A Rake's Process, plate VIII(detail)

윌리엄 호가스, 1735

두꺼운 레이드지에 판화
35.6 × 40.8 cm(14 × 16⅙ in)
브루클린 박물관, 새뮤얼 E. 해슬럿 유증, 22.1844

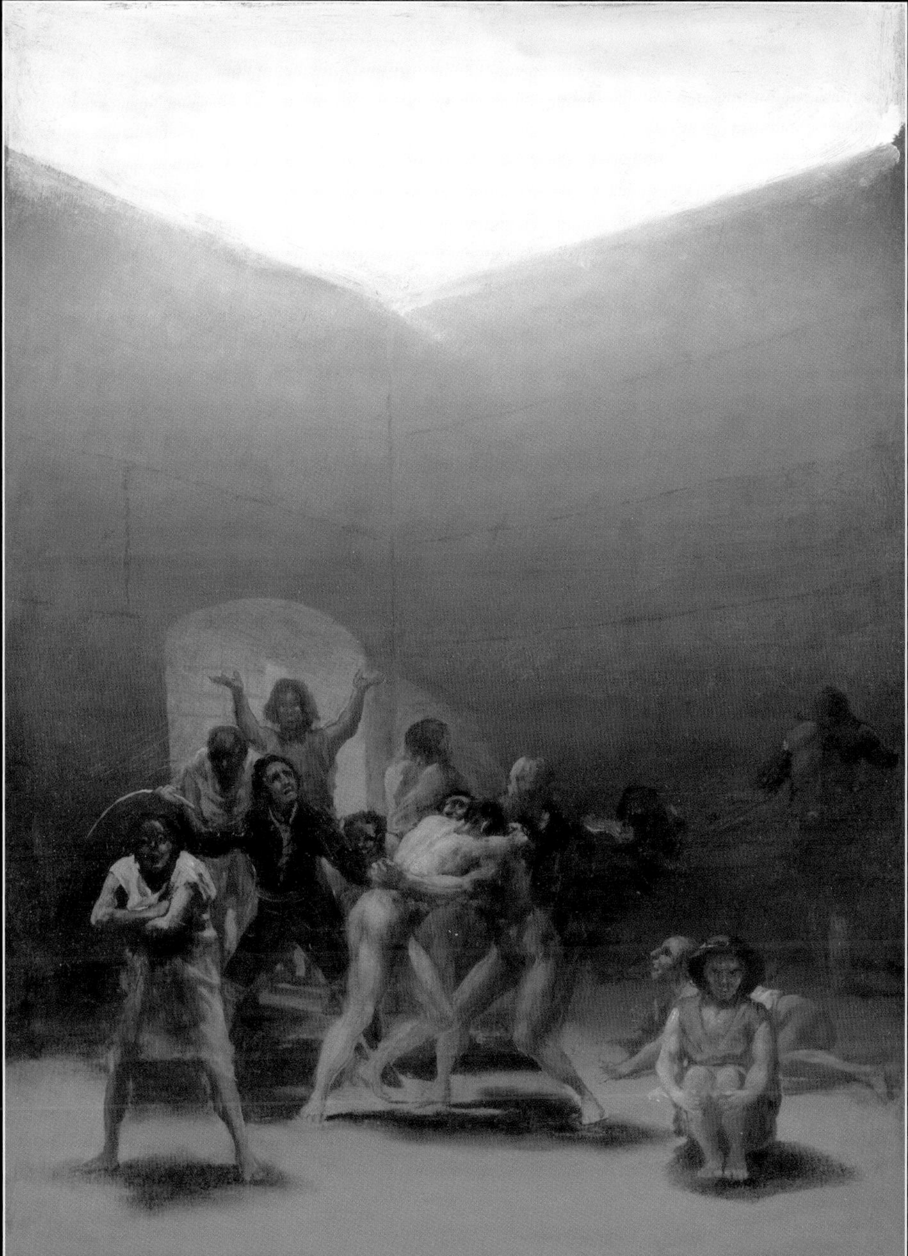

미치광이들의 뜰
Yard with Madmen

프란시스코 고야, 1794

함석 철판에 유화
42.9 × 31.4 cm(16⅞ × 12⅜ in)
메도스 미술관, SMU, 달라스
알거 H. 메도스 컬렉션, MM.67.01

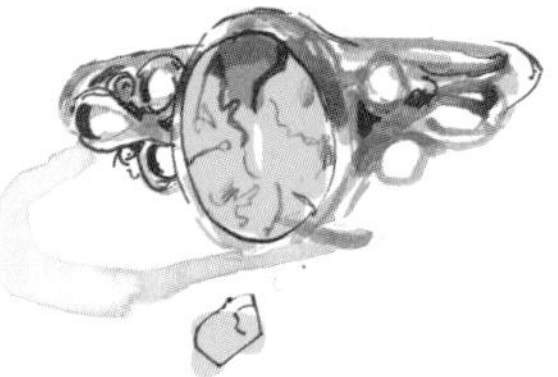

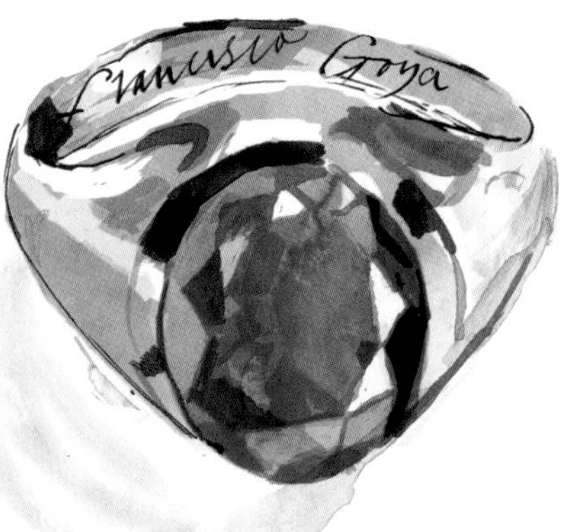

알바 공작부인

1790년대 초반에 고야는 알바 공작과 공작부인의 개인 초상화를 그렸다. 그들은 스페인의 최고위층이었으며 예술을 크게 후원하는 사람들이었다. 1796년에 공작이 사망하자 슬퍼하던 공작부인은 친구로서 고야와 다른 사람들을 카디스Cádiz 근처의 도나냐Doñana에 위치한 그녀의 집으로 초대했다. 고야는 그곳에서 여름을 지내게 되는데, 고야가 8개월 정도 그곳에 묵었을 가능성도 있다. 고야는 손님으로서 사냥을 하고 공작부인의 두 번째 초상화를 그리면서 시간을 보냈다. 또한 고야는 두 점의 작은 그림들을 그리기도 했는데, 그 작품들은 공작부인과 그녀의 아이들 두 명이 짓궂게 시종을 놀리는 재미있는 그림이었다. 또한 고야는 여성들을 그린 그림으로 자신의 스케치북을 가득 채웠다. 그 중 일부는 눈에 띄게 선정적이었다.

마틴 사파테르에게 쓴 편지에 고야는 이렇게 썼다. '나는 부인의 온몸을 다 표현해야만 하네.' 이 말은 이중적인 의미를 띠고 있다. 도나냐에 있는 공작부인의 집에 묵기 이전부터 고야는 그녀를 연모했다. 그리고 그녀의 온몸을 손에 넣는다는 것은 고야가 품은 환상이었다.

고야가 그린 알바 공작부인의 두 번째 초상화를 보면, 그의 열정이 드러난다. 이 작품에서 알바 공작부인은 검은 드레스 차림이지만 결코 상복 차림은 아니다. 그녀는 왼손을 골반에 얹은 대담한 포즈를 취하고 있는데, 마치 플라멩코 춤 스텝을 밟을 것처럼 보인다. 그녀는 매우 작은 새틴 재질의 뾰족한 쿠바 굽 구두를 신었으며 바닥을 강하게 밟고 서 있다. 그러면서 그녀는 바닥을 권위 있는 모습으로 가리키고 있다. 그녀가 손가락에 낀 반지들에는 '고야' 그리고 '알바' 라고 적혀 있으며, 모래가 깔린 바닥에는 '오직 고야뿐Solo Goya(Only Goya)'이라는 글이 적혀 있다. 이것은 1950년대에 복원 작업이 이루어지던 중에 발견되었다.

고야가 후에 제작한 〈변덕〉 판화 연작을 보면, 그가 알바 공작부인에게 유혹을 받았다는 뉘앙스가 있다. 그러나 아마도 그가 청각을 잃었기 때문에 알바 공작부인이 보인 친절을 오해했을 가능성이 크다. 이것과 분리된 관점에서 고야의 판화 작품들을 감상하면, 그 판화 작품들은 모의와 가식으로 가득했던 사람들 사이의 복잡한 관계를 표현하고 있다. 여기에는 바로 고야의 또 다른 고객이자 스페인의 총리였던 마누엘 고도이Manuel Godoy와 관련이 있다.

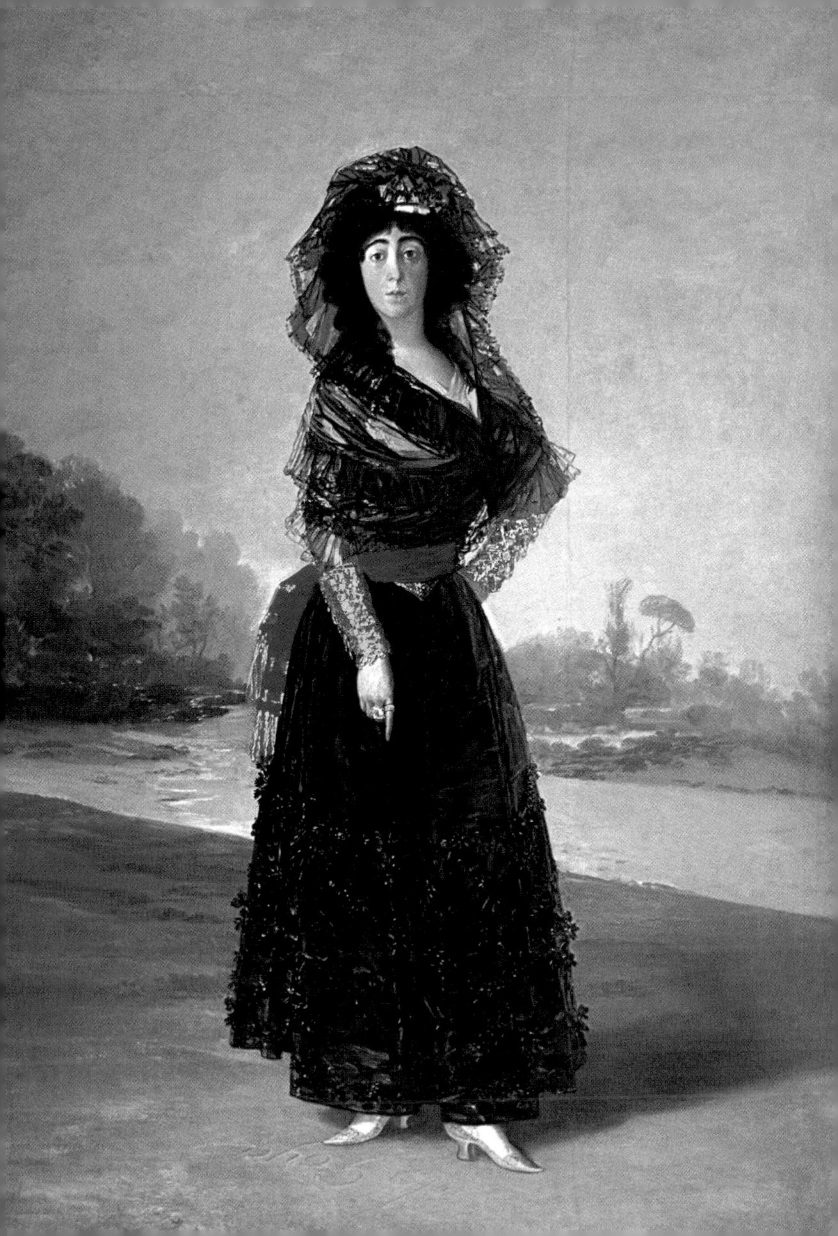

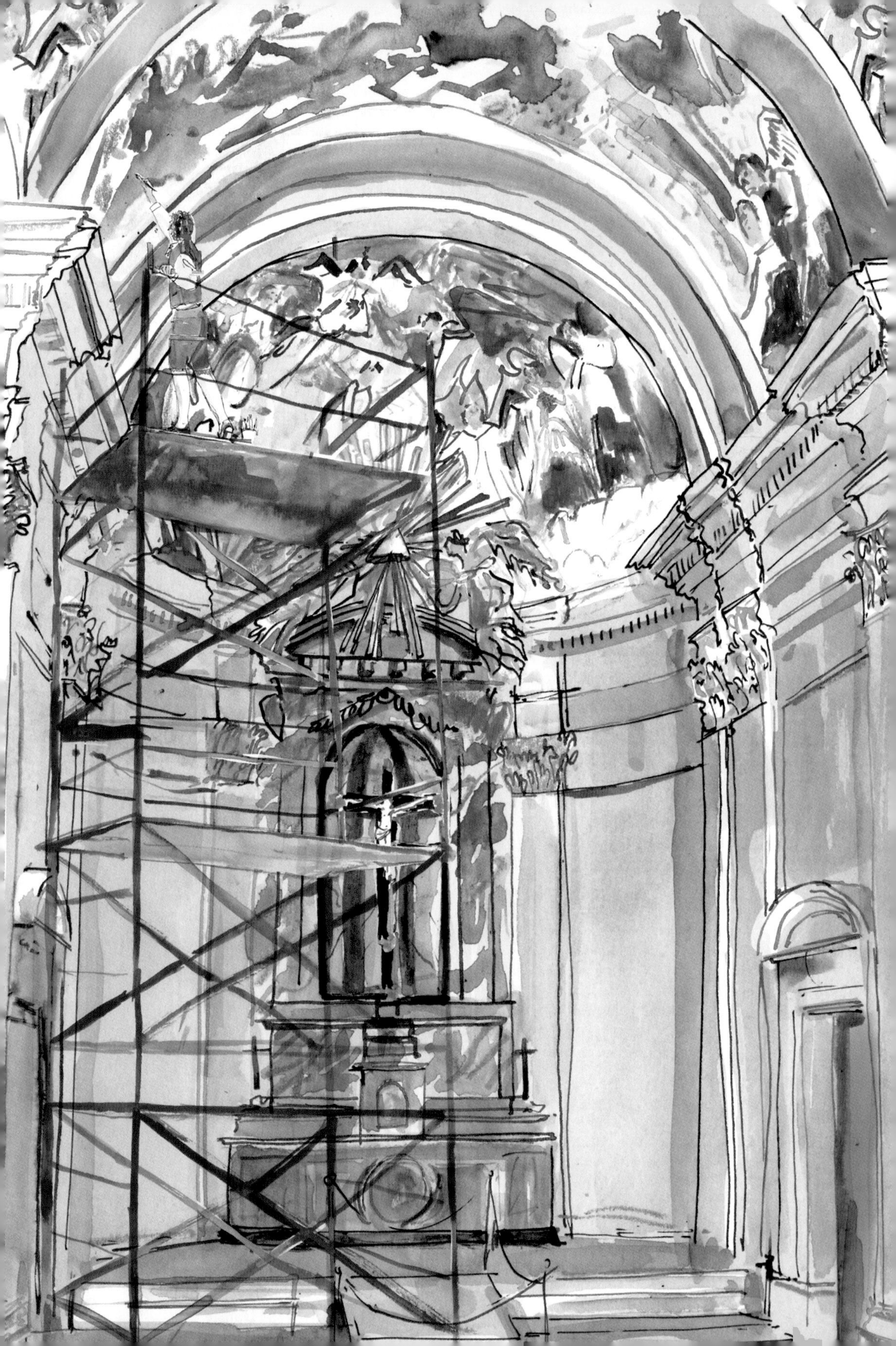

산안토니오 데 라 플로리다, 1798년

1798년 3월에 이르러서야 고야는 회복되어서 다시 큰 작업에 임할 수 있었다. 그리고 고야는 그 당시 지어진 지 얼마 되지 않았던 마드리드 산안토니오 데 라 플로리다 예배당의 천장 프레스코 벽화를 그리는 의뢰를 받았다. 고야의 친구이자 품위 및 공정성 부서의 장관직을 맡았던 호베야노스Gaspar Melchor de Jovellanos가 아마도 고야가 그 일을 맡을 수 있도록 손을 썼을 것이다. 고야는 그 해 일찍이 호베야노스의 초상화를 그렸던 적이 있다.

이 예배당은 왕립 예배당이었고, 대중에게 공개되지 않은 장소였다. 그리고 고야는 사라고사에서 마주했던 어려움을 여기서는 겪지 않아도 되었다. 고야는 어느 정도의 자유를 누릴 수도 있었다.

고야는 청각을 상실했기 때문에 중심을 잡기가 힘들었을 것이다. 그렇기 때문에 9미터나 되는 높이에서 작업을 하는 것은 위험한 일이었다. 하지만 고야는 빠른 속도로 이 작업에 임했다. 그렇기 때문에 작업을 완료하는 데는 4달밖에 걸리지 않았다. 이때 고야에게 주어진 여윳돈에는 조수를 고용할 비용도 포함되어 있었는데, 그의 조수였던 아센시오Asensio Juliá는 고야의 친구가 되며 나중에 고야를 도와서 〈변덕〉 연작에도 참여한다. 또한 고야는 그를 예배당과 집에 매일 데려다 줄 마부를 제공받았다. 여기에 쓰인 비용은 고급 재료들을 구매하는 것만큼이나 비쌌다.

고야는 예배당의 원형 돔에 포르투갈 프란시스코회Franciscan 성인인 파도바의 성 안토니우스Anthony of Padua가 행한 기적을 그려 넣었다. 이야기에 따르면 성 안토니우스의 부친은 살인죄의 누명을 썼다고 전해진다. 고야는 그림으로 13세기에 리스본 재판에서 일어났던 사건을 18세기의 마드리드로 가져온 것이다. 그는 산이 많은 지형을 배경으로 삼았으며 관중과 방관자들을 프레스코에 등장시켰는데, 이는 그가 제작한 태피스트리 밑그림에도 등장했던 마드리드 형식Madrilenian types의 표현이다. 전해지는 이야기에 따르면 성 안토니우스는 파도바에서 리스본으로 날아가서 살인 사건의 피해자를 다시 소생시키고, 후에 진범을 잡았다고 한다. 고야의 작품에서 그는 군중 사이를 헤쳐서 도망치는 모습으로 묘사되었다.

고야는 예배당의 삼각 궁륭pendentive(정사각형의 평면 위에 돔을 설치할 때 돔 바닥 네 귀에 쌓아올리는 구면球面의 삼각형 부분)에 아기 천사들이 장막을 여는 모습을 그려 넣었고, 아치 밑에는 소녀의 모습을 한 천사들의 모습을 그려 넣었다. 산안토니오 데 라 플로리다 예배당은 사람들에게 인기가 높은 소풍 장소였고, 성 안토니우스는 젊은 여성들을 지켜주는 성인이었다.

1919년 고야의 유해는 이 예배당에 안치된다. 그리고 1928년에는 이 예배당 바로 옆에 동일한 모습의 예배당이 하나 더 지어지는데, 이로써 원래 산안토니오 데 라 플로리다 예배당은 고야를 위한 박물관으로 헌정된다.

오수나 가문

고야의 작품들을 가장 높이 평가했던 귀족 후원자는 바로 오수나 공작과 공작부인이었다. 오수나 공작부인은 널리 알려진 계몽주의자였으며 그녀의 사교 모임에는 과학계 및 문화계의 가장 중요한 인사들이 다녀갔다. 오수나 공작은 왕립 판화작가 단체Royal Company of Printmakers의 후원자였으며 왕립 미술 아카데미Royal Academy of Fine Arts의 명예 학생Honorary Academic이기도 했다.

또한 오수나 공작과 공작부인은 연극을 적극적으로 후원했다. 그들은 종종 시골의 저택에서 개인적으로 연극을 관람하곤 했다. 또한 그들은 새로운 과학 지식을 받아들이면서 동시에 환상의 세계를 탐구했다. 그들은 특히 마술에 관심이 많았는데, 〈마녀 철퇴Malleus Maleficarum〉라는 책의 복사본을 보유하고 있었다. 이 책은 1487년에 처음 출판된 것으로, 마녀 처형에 관한 논문이었고 대규모 마녀사냥과 화형을 당한 여성들에 대한 책이다. 오수나 공작과 공작부인은 고야로 하여금 마술을 주제로 6점의 그림을 그려달라는 의뢰를 했다. 그들은 종교적인 믿음을 비웃으면서 자신들은 미신 따위를 믿지 않는 계몽주의 사상가들이라는 것을 확실히 표현하고자 했다.

하지만 이 강렬한 작품이 보여주는 것처럼 오수나 공작과 공작부인, 그리고 고야는 마녀와 마술이라는 주제에 매료되었다. 〈마녀들의 비행Witches' Flight〉에는 세 명의 마녀들이 반나체의 모습으로 등장하는데, 이들은 기를 잃어버린 나체의 남성을 마치 해충처럼 물어뜯고 빨아먹고 있다. 작품에 등장하는 마녀들은 공기 중으로 날아오르고 있다. 이 작품에서 나중에 화형을 당하는 마녀들의 운명을 상징하는 것은 바로 뱀처럼 꼬여 있는 불길이다. 불길은 코로자라고 불리는 죄인의 모자 주위를 감싸고 있는데, 이것은 종교 재판에서 피의자에게 씌우던 모자다. 계몽주의자들은 마술을 믿는 것을 두려워하는 현상이 교회와 종교 재판의 탓이라고 주장했다. 이 작품에서 날아다니는 마녀들 아래에는 한 농부가 악마의 눈을 피하려는 손동작을 하는 동시에 천으로 머리를 감싸고 있다. 그리고 다른 사람은 두려움에 휩싸인 나머지 자신의 몸을 바닥에 던지고 있다. 이 작품에는 어리석음을 상징하는 존재인 당나귀가 등장하는데, 이는 이성적인 관점에서 보았을 때 이 장면이 얼마나 바보 같은지를 강조하는 요소다. 하지만 이 광경이 무시무시하다는 것은 부인할 수 없다.

여기서 의심의 여지가 없는 것은, 이 주제가 그 당시 굉장한 인기를 끌었던 공포 장르 연극에서 차용한 것이라는 사실이다.

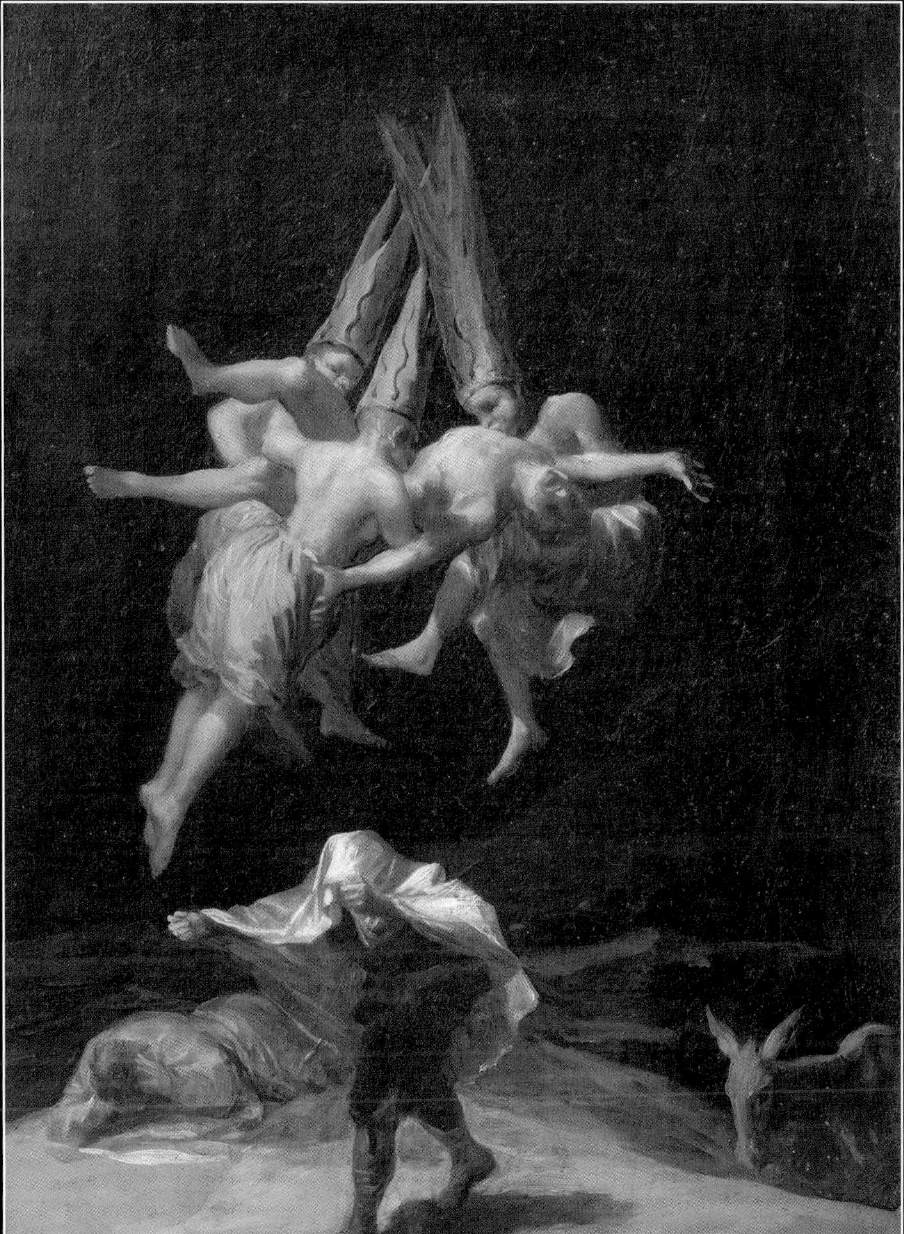

마녀들의 비행

Witches' Flight

거리의 문화

고야는 마드리드에서 연극의 중심지에 살았으며, 열심히 연극을 보러 다녔다.

특히 고야는 작은 극장의 격식 없는 분위기를 사랑했다.

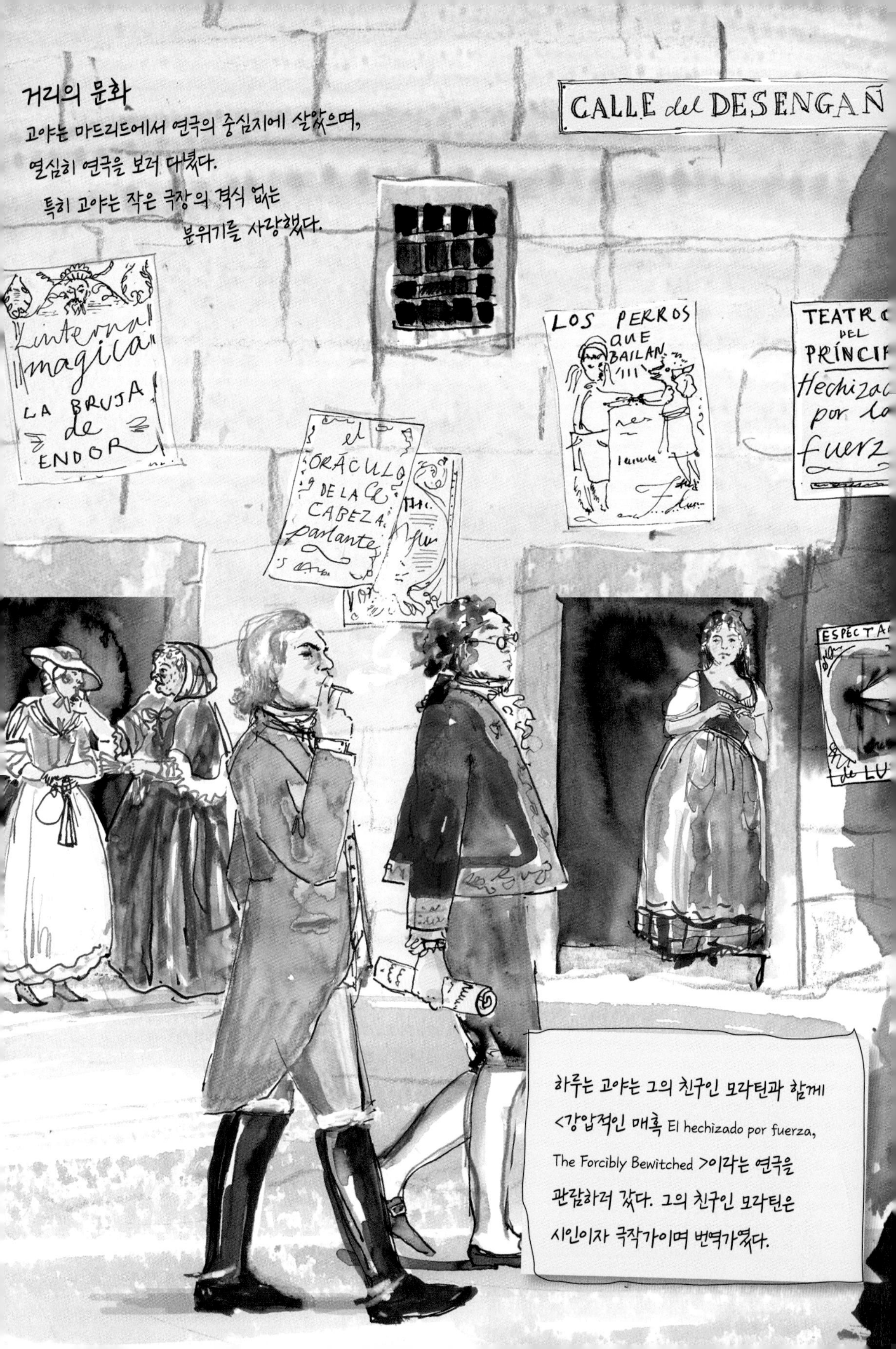

하루는 고야는 그의 친구인 모라틴과 함께 <강압적인 매혹 El hechizado por fuerza, The Forcibly Bewitched>이라는 연극을 관람하러 갔다. 그의 친구인 모라틴은 시인이자 극작가이며 번역가였다.

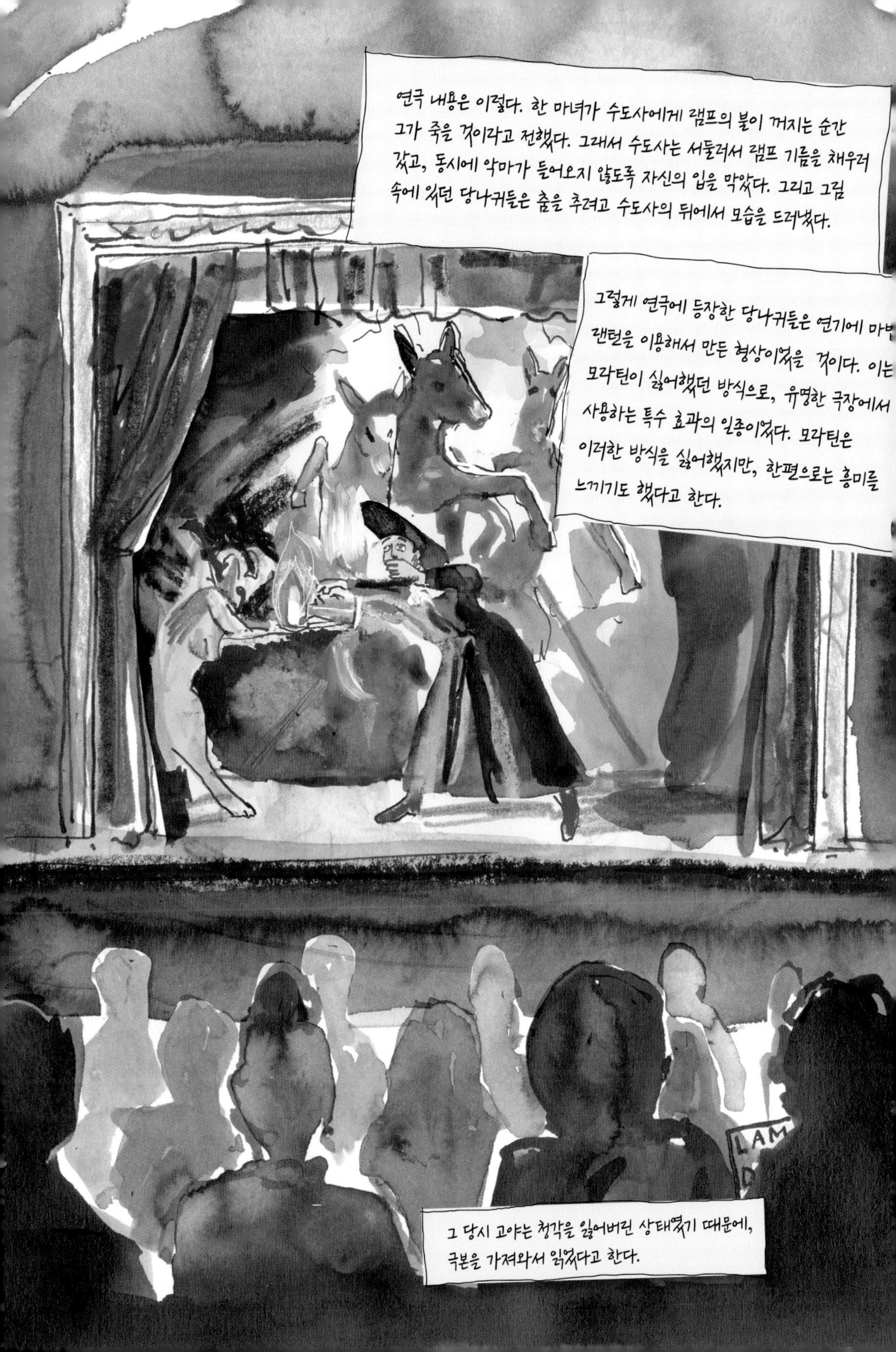
연극 내용은 이렇다. 한 마녀가 수도사에게 램프의 불이 꺼지는 순간 그가 죽을 것이라고 전했다. 그래서 수도사는 서둘러서 램프 기름을 채우러 갔고, 동시에 악마가 들어오지 않도록 자신의 입을 막았다. 그리고 그림 속에 있던 당나귀들은 춤을 추려고 수도사의 뒤에서 모습을 드러냈다.
그렇게 연극에 등장한 당나귀들은 연기에 마법 랜턴을 이용해서 만든 형상이었을 것이다. 이는 모라틴이 싫어했던 방식으로, 유명한 극장에서 사용하는 특수 효과의 일종이었다. 모라틴은 이러한 방식을 싫어했지만, 한편으로는 흥미를 느끼기도 했다고 한다.
그 당시 고야는 청각을 잃어버린 상태였기 때문에, 극본을 가져와서 읽었다고 한다.

잠들고 꿈을 꾸는 것

고야의 작품들 중 가장 유명한 〈변덕〉 연작은 호가스의 판화 연작에서 영감을 얻었을 수 있다. 〈변덕〉 연작에는 80점의 풍자 판화 작품들이 있는데, 애쿼틴트(역주: 동판화의 일종.)와 에칭 기법으로 만들어진 작품들이다. 고야는 애초에 그 작품들을 꿈이라고 생각했으며, '꿈dream'이라는 단어가 예비 스케치에 많이 등장한다. 한 번은 고야가 공통어Idioma universal, universal language라는 글을 적었는데, 그런 풍자적인 작품들을 모든 사람들이 이해할 수 있다는 의미를 강하게 전달하기 위한 목적이었다.

고야는 그의 판화 작품들 중 몇 점에 등장하는 인물에게 동물적인 요소를 부여했다. 이러한 관습은 이솝 우화를 시작으로 전 유럽에 걸쳐서 행해졌는데, 고야와 동시대에 살았던 시인들이 이 기법을 사용했다. 고야는 〈변덕〉 연작을 〈디아로 데 마드리드Diaro de Madrid〉 1799년 2월 6일자 신문에 광고를 내서 판매하고자 했다. 판화 작품들은 고야의 집 아래에 위치한 향수 가게 및 술집에서 판매되었다. 그의 집이 위치한 장소의 이름은 이런 상황과 들어맞았는데, 바로 '각성의 거리Calle del Desengaño, Street of Disenchantment'였다.

〈변덕〉 43번 작품에서 고야는 책상에 쓰러져 있는 자신의 모습을 담았다. 작품에 등장하는 책상 옆면에는 '이성이 잠들면 괴물이 탄생한다'라고 쓰여 있다. 작품 속 고야의 뒤편에는 날아다니는 박쥐와 부엉이들이 등장하는데, 이것들은 모두 밤에 활동하는 동물들이다. 작품 속의 부엉이들 중 일부는 사람이 안경을 쓴 것 같은 형상을 하고 있고 그 중 한 마리는 고야를 필기구로 찌르고 있다. '이성의 꿈dream of reason'이라는 말은 계몽주의자들이 과학에 매료된 현상을 의미하는 것일 수 있다. 교회와 종교가 소유했던 주권을 과학이 빼앗고, 그러면서 과학은 신비하고 놀라운 새 능력을 갖게 된 것이다. 이 작품에 등장하는 동물들은 원래 수집가의 박제된 수집품이었지만 탈출한 것으로 보인다. 날아다니는 동물인 박쥐는 늘 매력적인 존재로 등장한다.
알바 공작부인의 넓은 영토에는 이베리아 스라소니가 서식했으며 작품에 등장하는 종은 분명 알바 공작부인을 상징하는 것이다.

색상을 줄임으로써 (순 검정색으로) 악몽 같은 분위기가 더욱 강조되고, 위기감이 조성된다. 왕실이 소유한 동물 그림에서도 이런 색상이 사용되었고, 인기가 높은 언론 역시 흑백의 이미지를 사용했다. 오수나 공작과 공작부인, 그리고 다른 계몽주의자들이 읽었던 프랑스 혁명 팸플릿도 흑백으로 제작된 것이었다.

그리고 이 작품은 보는 이로 하여금 연극을 연상하게 만든다. 박쥐들의 실루엣은 유령 같으면서 신비로운 효과를 낸다. 고야는 검은색을 자주 사용하는데, 이는 두드러지면서 동시에 극단적이라고도 할 수 있는 도구가 되어 불편한 현실과 사회적 불의를 표현하는 데 쓰인다.

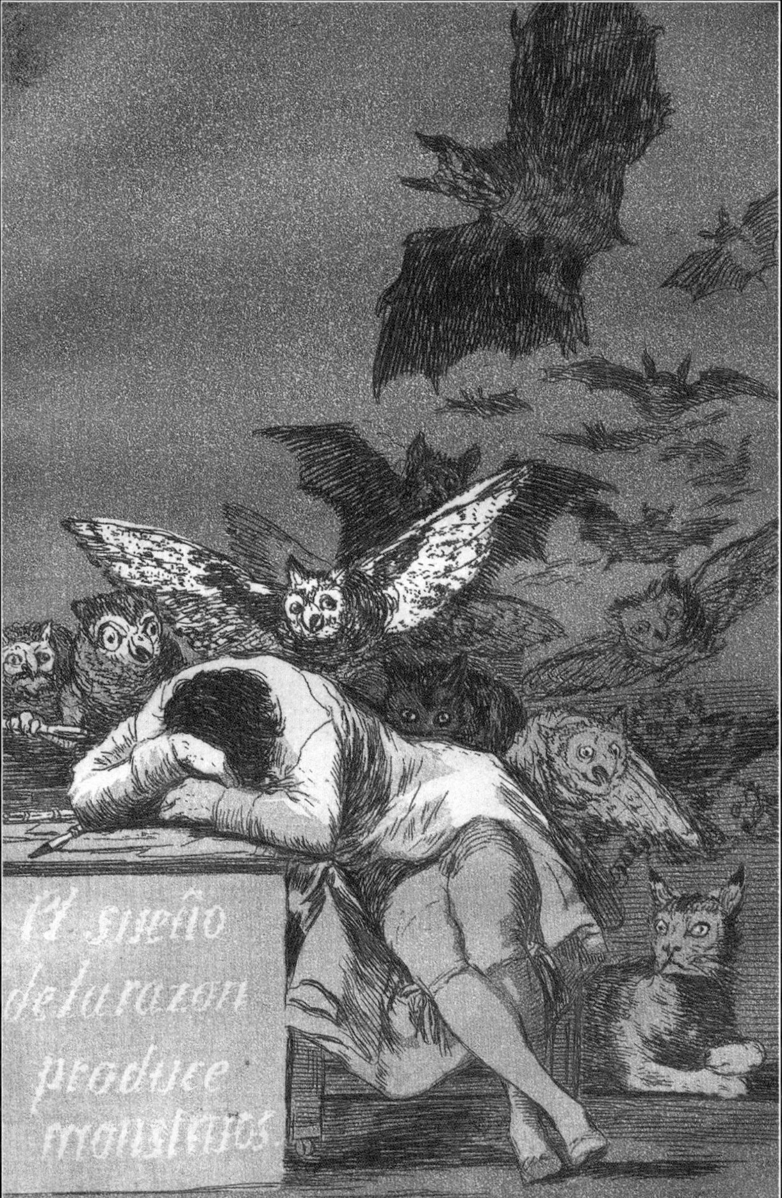

이성이 잠들면 괴물이 탄생한다 (《변덕》 43번)

The Sleep of Reason Produces Monsters

프란시스코 고야, 1799

판화 및 애쿼틴트
21.4 × 15 cm($8\frac{7}{16}$ × $5\frac{15}{16}$ in)
미국 국립 예술관, 워싱턴 D.C
로젠왈드 컬렉션, 1943.3.4711.qq

호베야노스Jovellanos와 스트립쇼

고야는 스트립쇼를 주제로 한 2점의 그림을 그렸다. 그 중 하나에는 구멍을 통해서 스트립쇼를 훔쳐보는 남성이 등장하는데, 그는 바지가 찢어졌는데도 쇼를 보고 있다. 작품 속의 여성은 비웃는 표정으로 맨살이 드러난 남성의 뒷모습을 쳐다보는 중이다. 이 작품에 고야는 '온 세상Tuti li mundi, The whole world'이라고 적어 두었다. 이는 스트립쇼, 그리고 마법 랜턴 쇼에 붙여지던 명칭이었다. 이 작품은 고야가 그의 편지에 그린 한 그림을 연상하게 한다. 그가 편지에 그린 그림에는 한 남성이 엉덩이를 드러낸 채로 등장하는데, 그의 항문이 있어야 할 자리에 눈알이 붙어 있다. 그림에는 이렇게 적혀 있다: '그들은 보지 못하는 것을 보고 있다(They are looking at what they can't see).'

대다수의 청교도 계몽주의자들은 이런 스트립쇼 및 마법 랜턴 쇼를 '인형과 기괴한 물체, 광대, 어릿광대와 줄타기 춤꾼들' 만큼이나 나쁜 것으로 여겼다. 고야의 친구이자 품위 및 공정성 부서의 장관인 호베야노스는 우울한 인물이었는데, 그는 사람들의 자유와 재미를 위해서 인기 있는 오락을 주제로 보고서를 작성했다. 하지만 그는 그런 쇼들이 진정으로 사람들을 행복하게 만들 수는 없다고 믿었다. 호베야노스는 사람들이 행복하기를 바랐고, 사회 개혁가로서 사람들에게 진정 더 이로운 것이 무엇인지 스스로 잘 알고 있다고 믿었다. 반대로 고야는 청교도 정신을 깊게 받아들이지 않았고, 그런 익살스러운 행동과 오락을 매우 인간적인 것이라고 분명하게 믿었다.

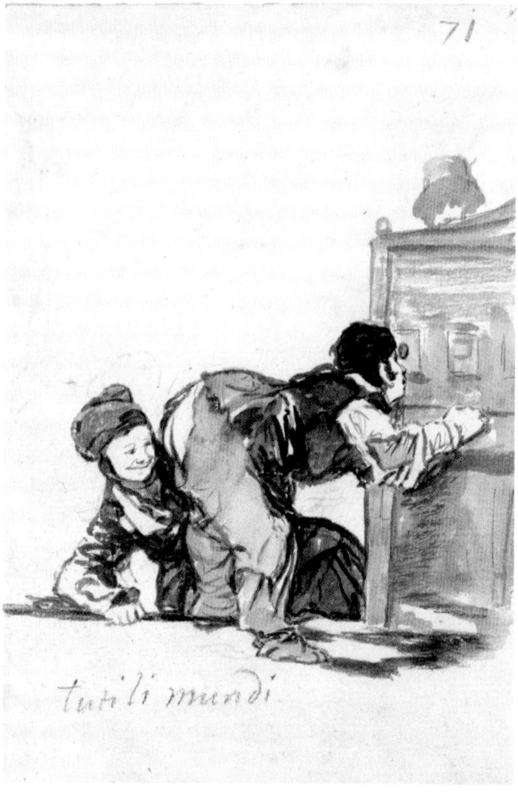

온 세상
Tuti li mundi (The whole world)

프란시스코 고야, 1808~1814

앨범 C, 71장
펜, 붓, 잉크, 수채화 및 크레용 혹은 종이에 분필
20.7 × 14.4 cm(8⅛ × 5¹¹⁄₁₆ in)
히스패닉 소사이어티 오브 아메리카, 뉴욕

재미있는 캐리커처

고야는 〈변덕〉 연작에서 외설을 하나의 재미있는 요소로 등장시켰다. 그러나 그가 교회의 위선과 부패를 이렇게 전통적인 반종교주의 작품으로 비판한 것은 위험한 짓이었다. 그는 스페인 종교 재판에 회부되었고, 결국 그 작품들을 판매하지 못하게 되었다.

〈변덕〉 연작에서 반종교적인 작품 한 점은 〈그들은 열기가 있다They are hot〉 ('발정이 났다'는 의미의 말장난)라는 제목으로, 수도사들이 식탁에 앉아서 수프를 먹는 모습이 등장한다. 밑그림 작품들은 이것보다 훨씬 더 노골적이었다. 한 그림에서 고야는 '재미있는 캐리커처Funny caricature'라는 말을 넣고 한 수도사를 성기 모양을 닮은 거대한 코를 가진 모습으로 묘사했다. 그 작품에서 수도사는 코가 너무 커서 지지대로 무게를 지탱하는 모습으로 등장한다. 이것으로 고야는 수도사가 하는 금욕 선서를 풍자한 것이다.

> 코와 성기를 관계 짓는 행위는 스페인 문학에서도 전반적으로 드러난다. 〈남편에게To a husband〉에서 퀘베도Quevedo는 질투심 많은 남편이 아내와 바람피운 남자의 코를 잘라낸 행위를 보고 이렇게 비웃는다.

네가 이 사실을 알지 모르겠지만, 결국 네 아내는 아무것도 잃지 않은 셈이다. 왜냐하면 어차피 나머지 코가 하나 남아 있거든. 그것으로도 다시 네게 죄를 지을 수 있단다.

이런 풍자적인 모티브는 고야 이전에도 다른 예술가들도 사용한 것이다 (인기가 높은 인쇄물들 중에서는 더욱 노골적인 사례들도 존재한다). 하지만 계몽주의자들이 보기에 이 모티브는 정치적인 의미가 있었고, 따라서 이를 사용한 고야는 위험을 감수한 것이다. 고야는 귀족 계층의 고객들이 그를 보호해 줄 것이라고 믿었는지도 모른다. 특히 오수나 공작과 공작부인은 고야의 판화 작품에 흥미를 느꼈고, 처음으로 찍은 작품들 중 가장 훌륭한 것 4점을 구매했다. 그들은 심지어 고야가 제시한 가격보다 높은 값을 쳐주기까지 했다.

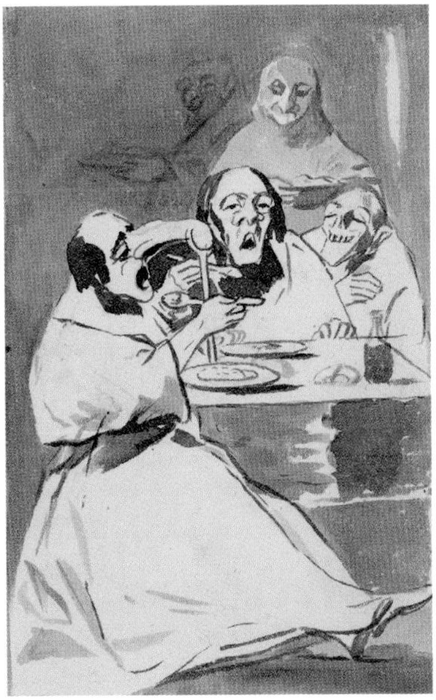

재미있는 캐리커처
Caricatura Alegre

프란시스코 고야, 1796~1797

종이에 먹과 수채화
23.2 × 14.2 cm(9⅛ × 5⅔ in)
프라도 미술관, 마드리드

평화의 왕자

1803년에 고야는 나머지 240점의 〈변덕〉 연작 작품들과 동판을 스페인 왕에게 팔았다. 그 대가로 고야는 아들을 위한 연금을 지급받았다. 이 선택을 함으로써 고야는 종교 재판으로부터 어느 정도의 보호를 받았을지도 모르지만, 고야의 작품들은 다른 시기에도 종교 재판의 주시를 받게 된다. 총리인 마누엘 고도이Manuel Godoy를 위해서 고야는 누워 있는 인물의 누드화를 그리는데, 그로 인해 후에 더욱 어려움을 겪게 된다. 하지만 그 순간에는, 고야는 마누엘 고도이와 그의 아내의 초상화를 그리는 데 여념이 없었다.

마누엘 고도이는 허영심이 많고 야심이 큰 사람이었다. 그는 군인이 되기 위한 교육을 받았는데, 이는 그의 영웅이었던 나폴레옹과 같은 행보였다. 마누엘 고도이는 왕실 경호원이 되었을 때 불과 17세였고, 매우 빠르게 출세했다. 사관후보생이었던 그가 공작이 되기까지는 고작 4년밖에 걸리지 않았다. 그는 왕과 왕비와 매우 친밀한 관계가 되어서 그 세 명의 관계는 '성 삼위일체the Holy Trinity'라고 불리기까지 했다. 게다가 수많은 사람들은 마누엘 고도이가 마리아 루이사Maria Luisa 왕비의 애인이라고 믿었다.

1792년에 카를로스 4세는 마누엘 고도이를 총리로 임명했다. 하지만 프랑스의 왕을 처형에서 구해내지 못한 것은 마누엘 고도이의 탓으로 돌아갔다. 왜냐하면 대중은 카를로스 4세의 사촌을 구해내는 것이 스페인 정부가 응당 해야 할 도리라고 여겼기 때문이다. 스페인은 영국과 동맹을 맺고 프랑스에게 선전 포고를 하게 된다. 그러나 1795년 마누엘 고도이가 프랑스와 평화 조약을 맺자 대중은 그를 '평화의 왕자Prince of the Peace'라고 칭송했다.

이 작품이 그려진 1801년 당시, 마누엘 고도이는 포르투갈을 상대로 한 전쟁에서 승리한 직후였다. 그는 군복을 입은 상태로 편히 기대어 있고, 한 장의 문서를 손에 들고 있는데, 이는 아마도 항복 문서일 것이다. 이 시점에 프랑스 혁명 정부는 비극적인 결말을 맞았으며, 프랑스는 정복욕을 멈출 줄 모르는 나폴레옹의 치하에 놓여 있었다. 마누엘 고도이는 나폴레옹과 여러 조약들을 맺었는데, 그는 나폴레옹을 존경하고 그와 같은 행보를 밟기도 했다. 두 사람은 영국을 상대로 함께 맞서 싸웠다 (이 때 영국은 포르투갈과 동맹을 맺은 상태였다). 그들이 맺은 조약들 중 하나는 마누엘 고도이에게 알가르브의 왕자Prince of Algarves라는 지위를 안겨 주었다. 즉 마누엘 고도이는 사실상 포르투갈 남부의 지배자가 된 것이다. 하지만 나폴레옹은 사실 마누엘 고도이에게 높은 지위를 줄 마음은 전혀 없었다. 그가 원했던 것은 포르투갈을 먼저 차지한 후 그 다음에는 스페인을 손에 넣는 것이었다. 마누엘 고도이의 허영심과 무능력은 나폴레옹으로 하여금 스페인을 침략할 수 있는 밑바탕을 깔아 주었고, 스페인의 지도자들은 사실상 아무런 저항도 하지 못했다.

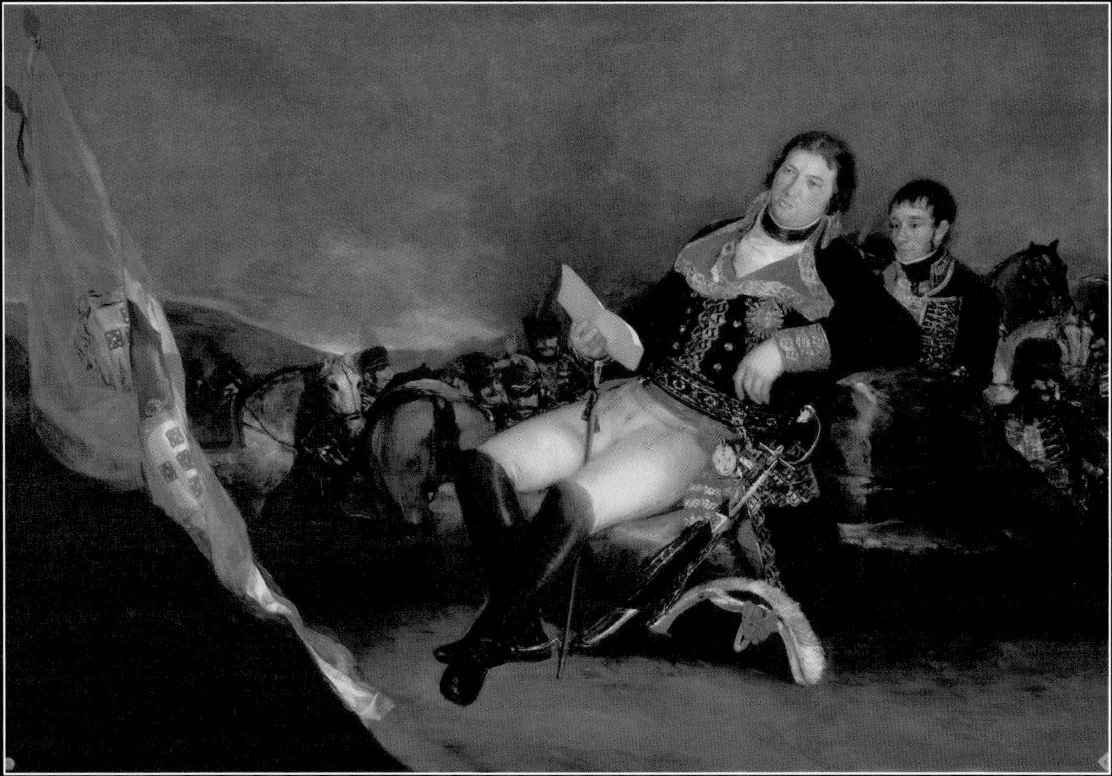

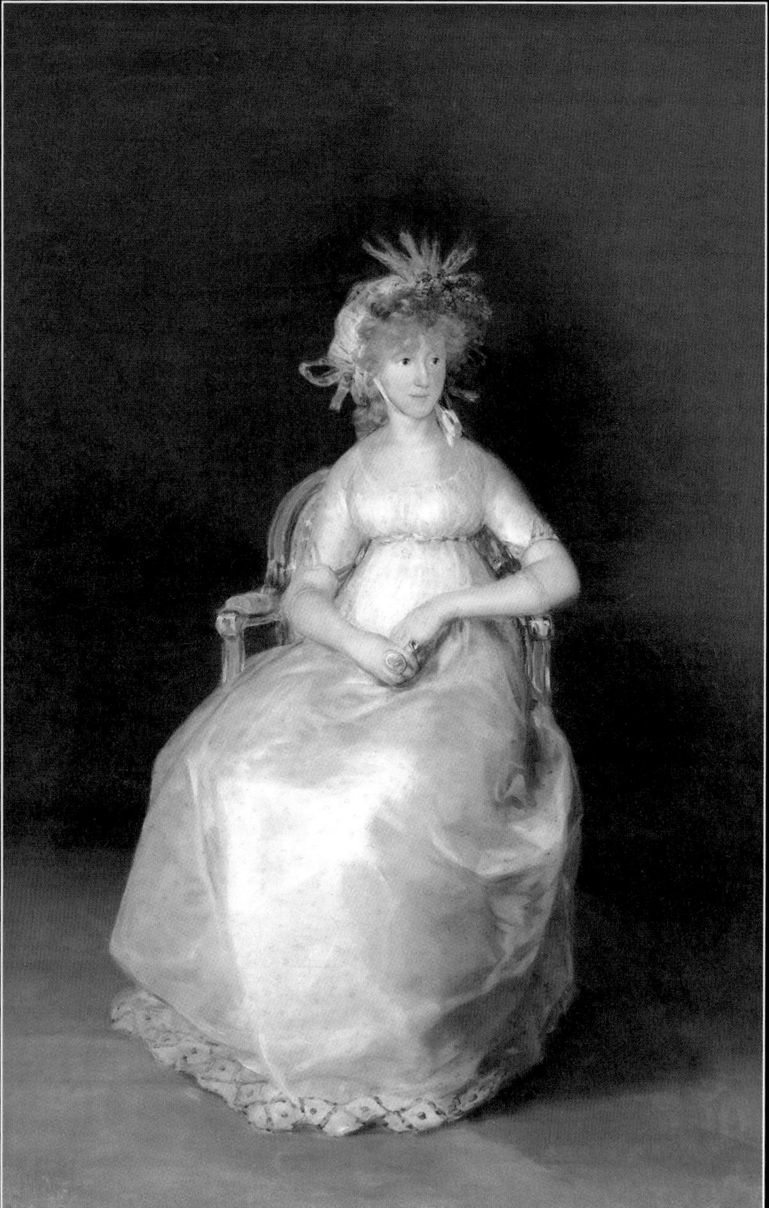

친촌 백작부인

The Condesa de Chinchón

프란시스코 고야, 1800

캔버스에 유화
216 × 144 cm(85⅙ × 56 11/16 in)
프라도 미술관, 마드리드

불운의 공주

마누엘 고도이는 1796년 여름 동안 산루카Sanlúcar에서 지냈는데, 고야도 동일한 시기에 그곳에 머물렀다. 그곳에서 마누엘 고도이는 평생의 연인을 만났는데, 바로 그 당시 17세였던 페피타 투도Pepita Tudó였다. 일 년 후, 왕비는 마누엘 고도이를 존중하는 의미로 그녀의 남편의 이종사촌인 마리아 테레사María Teresa 친촌Chinchón 백작부인을 중매해 주었다.

과거의 어느 날, 고야가 가족처럼 느꼈던 돈 루이스의 따뜻한 궁정에서 어린 소녀였던 마리아 테레사는 고야가 그림을 그리는 모습을 보았다. 그녀의 부모님은 카드놀이를 하고 있었으며 어머니는 머리를 손질하고 있던 중이었는데, 큰 눈을 가진 이 호기심 많은 소녀는 고야가 그림 그리는 것을 바라보고 있었다. 고야는 그녀가 마누엘 고도이의 신부가 되는 것을 슬프게 생각했을 것이다. 심지어 페피타 투도는 그 부부와 함께 계속해서 살았으니 말이다. 고야가 〈변덕〉 연작에서 표현했던 이득을 보기 위해서 불행한 결혼을 하는 사례가 바로 이런 경우를 말하는 것이다.

고야가 그린 마리아 테레사의 초상화에서 그녀는 연약하고 수줍음 많은 소녀의 모습이다. 그녀는 흰색 비단에 물방울무늬가 있는 목이 파인 간단한 드레스를 입고 있다. 모자를 쓴 그녀는 상념에 잠긴 채 왼쪽을 바라보고 있다. 그녀의 머리카락 사이에 끼워진 옥수수다발은 다산의 상징인데, 마리아 테레사는 그 당시 임신 중이었다. 작품 속에서 그녀의 금발 곱슬머리가 모자에서 삐져나온 모습은 고야가 보았던 마리아 테레사의 유년 시절을 연상시킨다. 그녀가 낀 반지에는 마누엘 고도이의 에나멜 초상이 그려져 있고 장식용 띠가 둘러져 있다.

고야의 친구이자 강직하고 존경받는 호베야노스는 마누엘 고도이의 집에 저녁 식사 초대를 받았을 때 충격을 받은 나머지 이렇게 썼다.

> 그의 오른쪽에는 백작부인께서 앉아 계시고, 그의 왼쪽 옆에는 그 페피타 투도가 앉아 있었네. 그 광경을 보자니 내 머릿속은 혼돈으로 가득해졌어. 내가 참을 수 있는 상황이 결코 아니었네. 나는 먹을 수도 말을 할 수도 없었고, 침착하게 있을 수가 없었지. 나는 그 자리를 도망치듯 떠나 버렸네.

마리아 테레사가 결혼한 지 1년이 지난 뒤, 호베야노스는 마누엘 고도이로 인해서 지위를 빼앗기고 그 이후에는 투옥되었다. 1807년, 호베야노스는 마누엘 바이유에게 망명 도중 편지를 썼다. 그는 고야에 대해서 물었고, '내가 언제나 가장 진실한 우정을 표시하는 신사'인 그에게 애정 어린 안부를 보냈다. 4년이 지난 후, 호베야노스는 그의 고향인 아스투리아Asturias에서 사망했다.

〈마하maja〉 그림

마누엘 고도이는 마드리드에 위치한 현대적인 궁전에 거주하며 그곳에 수천 점의 예술작품들을 소장하고 있었다. 그 중 26점은 고야의 작품들이었다. 그는 수집품들 중 여성 누드화들을 숨겨진 방에 보관했는데, 그곳에는 오직 초대받은 사람들만 들어갈 수 있었다. 그곳의 작품 중에는 벨라스케스가 그린 선정적인 〈비너스와 큐피드Venus and Cupid〉 작품이 있었다. 이것은 고야가 알바 공작부인에게서 얻은 작품으로, 누워 있는 여성의 뒷모습을 나체로 표현한 것이다.

1800년경에 마누엘 고도이는 〈벌거벗은 마하〉를 고야에게 의뢰했다. 그러나 이 작품의 주제가 된 대상은 비너스가 아니었고, 마드리드의 거리의 여자였다. 아마 이 작품은 서구 미술에서 최초로 음모를 묘사한 여성 누드화일 것이다. 심지어 이 작품에 등장하는 여성은 마누엘 고도이의 애인인 페피타 투도를 닮은 여성이었다. 작품 속에 등장하는 여성은 양 볼에는 연지를 발랐고 눈에도 화장을 한 모습이다. 그녀는 욕망의 대상이지만 동시에 통제력을 가졌으며, 자신의 벗은 몸을 유혹적으로 과시하고 있다.

그로부터 얼마 지나지 않아서 마누엘 고도이는 고야에게 〈옷을 입은 마하〉를 그려달라고 한다. 이번에는 이국적인 하렘 의상을 입힌 모습으로 말이다. 그는 두 그림들을 돌아가면서 걸어 두었다고 하는데, 손님들을 놀라게 만들기 위한 목적이었다고 한다.

반도 전쟁the Peninsular War이 끝나고 얼마 지나지 않은 1815년에 고야는 그 작품들로 인해서 상당한 어려움을 겪는다. 고야가 그린 작품들은 종교 재판에 압수되고, 고야는 '그림들이 고야의 작품인지, 어떠한 동기로 그렸는지, 누가 의뢰한 것들인지, 그리고 대가는 무엇이었는지…' 진술하도록 재판소에 불려간다. 고야는 불명예스러운 진술을 하도록 압박을 받았던 것 같지는 않다. 하지만 고야는 종교 재판에 의해 지속적으로 위협을 받았다.

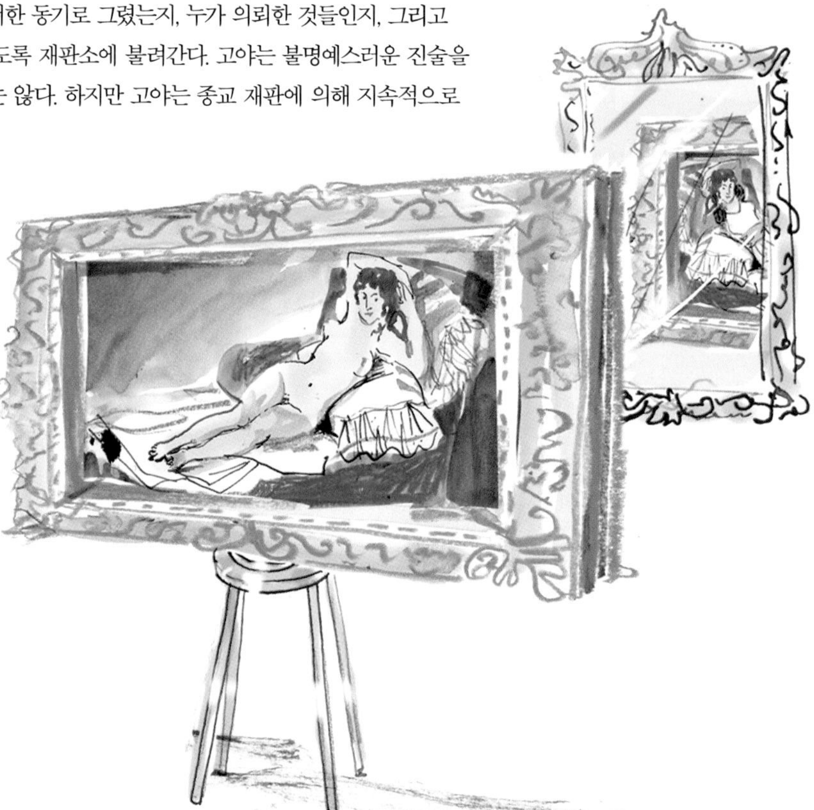

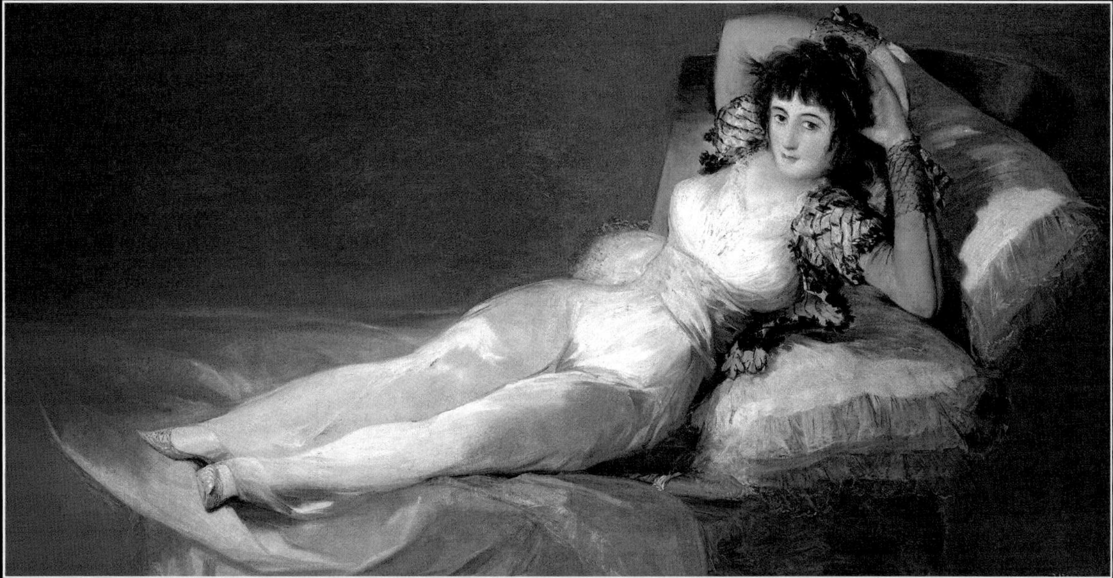

옷을 입은 마하

The Clothed Maja (Maja Vestida)

프란시스코 고야, 1807~1808

캔버스에 유화
95 × 190 cm(37⁷⁄₁₆ × 74¹³⁄₁₆ in)
프라도 미술관, 마드리드

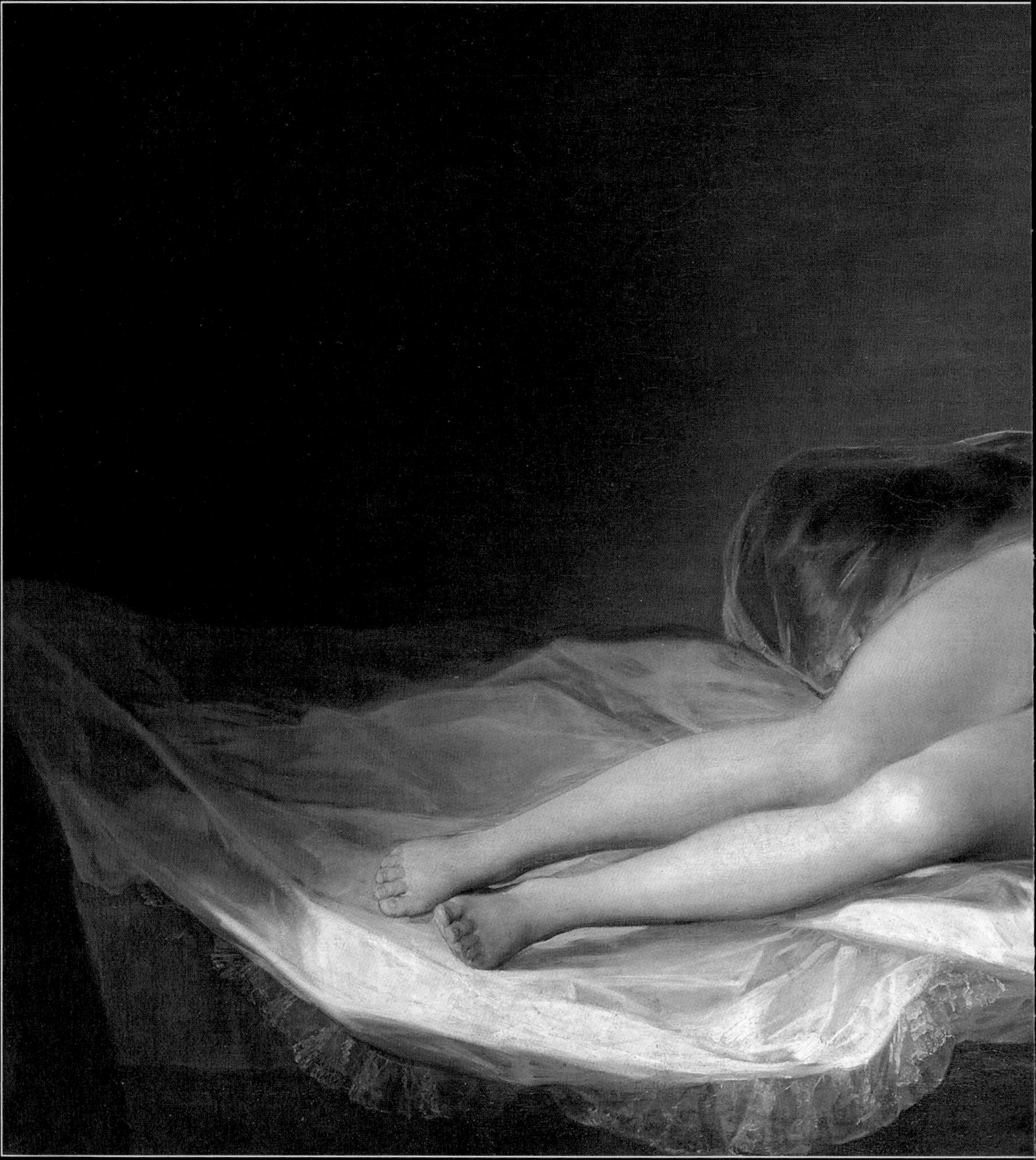

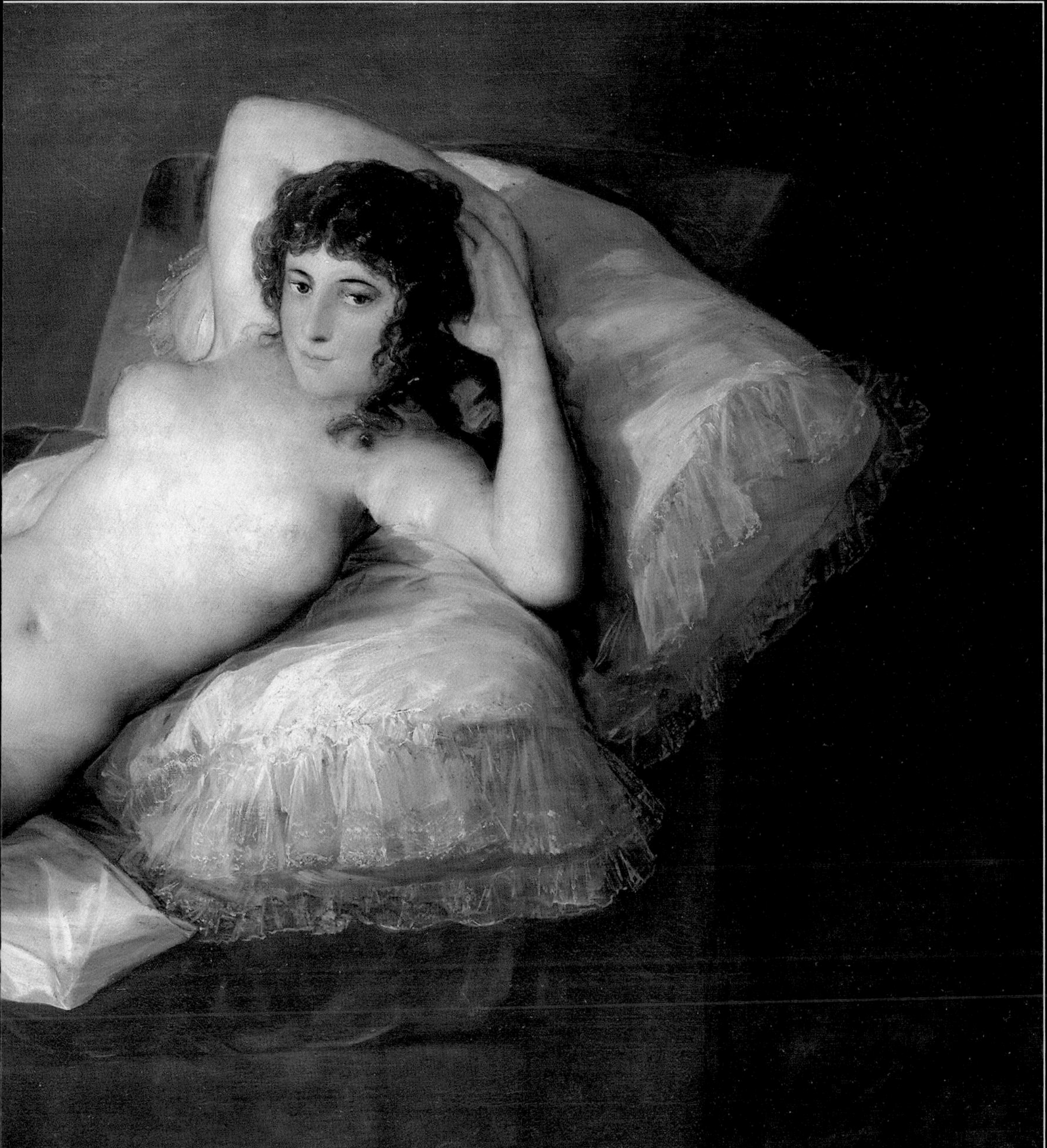

벌거벗은 마하

The Nude Maja (Maja Desnuda)

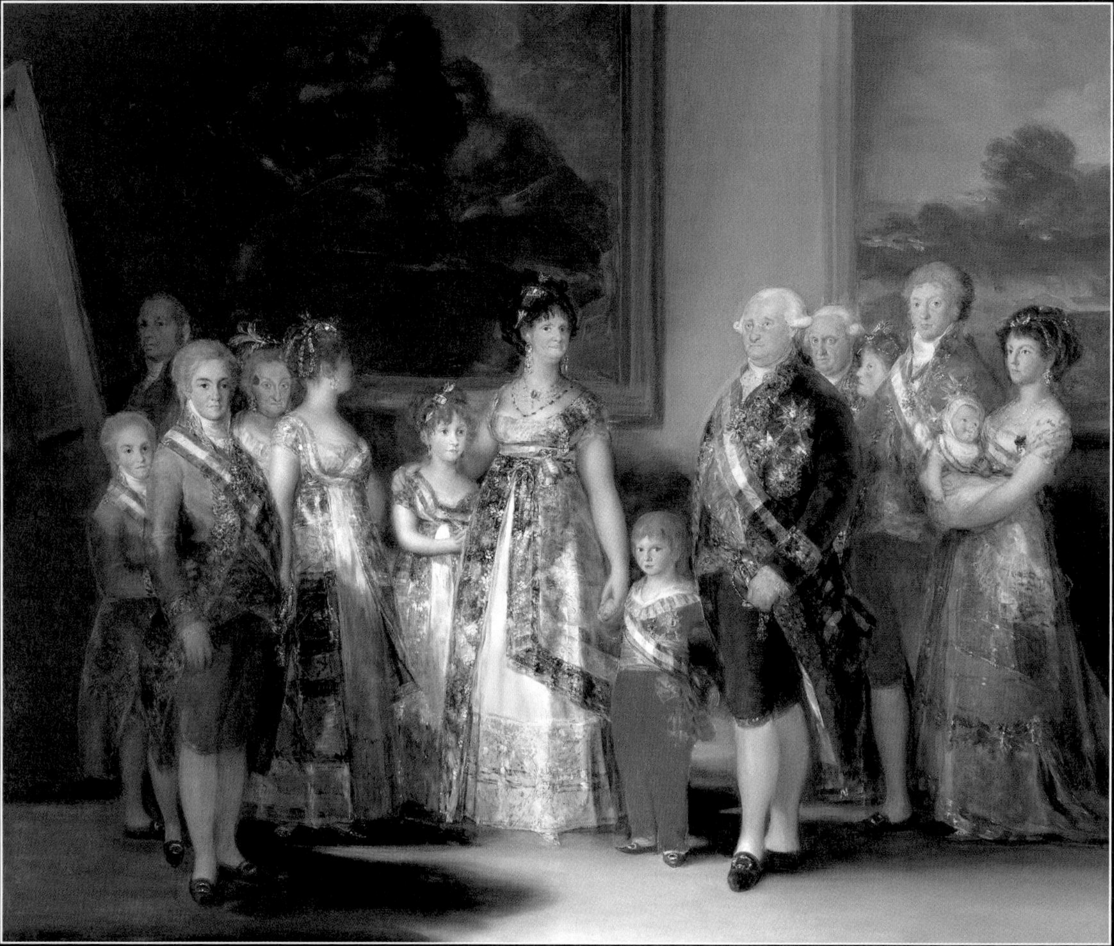

카를로스 4세의 가족
The Family of Carlos IV

프란시스코 고야, 1800

캔버스에 유화
280 × 336 cm(110¼ × 132¼ in)
프라도 미술관, 마드리드

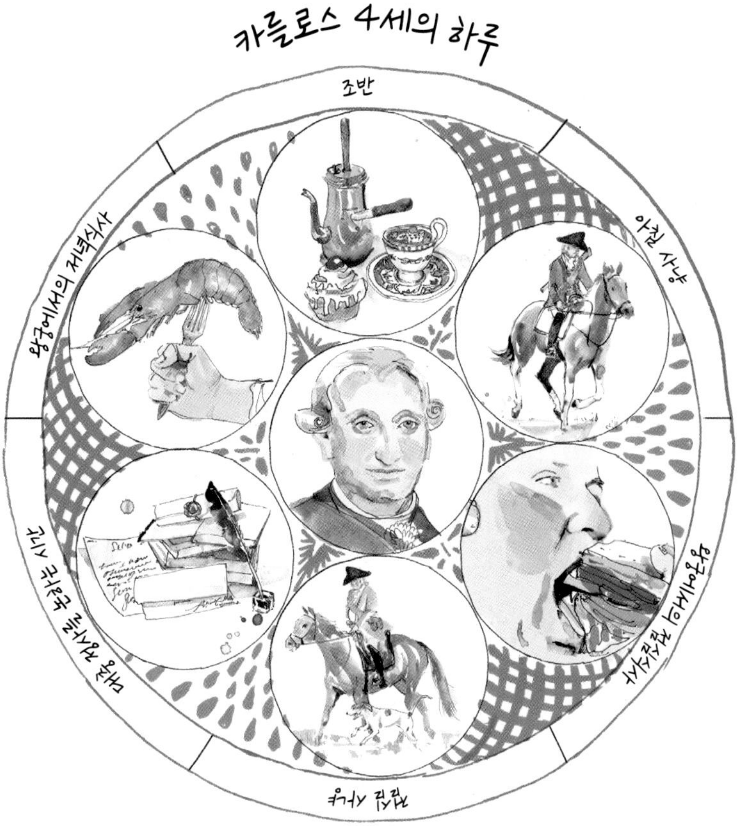

게으름을 그리다

프랑스 대사에게 보여줄 왕족 일가의 단체 초상화를 고야에게 의뢰한 사람은 아마도 마누엘 고도이였을 것이다. 그 당시 프랑스 대사는 나폴레옹의 형제인 루치아노Luciano였는데, 그는 1800년에 스페인 궁정을 방문했다.

엄밀히 말하자면, 이 단체 초상화는 화려한 작품은 아니다. 하지만 왕과 왕비는 이 작품을 무척 좋아했다. 고야는 계속해서 스페인 전통의 사실 묘사주의 기법으로 왕실 초상화를 그렸다. 따라서 작품에서 드러나는 것처럼 왕비는 실제로도 천박한 인물이었다. 그녀의 거대한 금 귀걸이와 목걸이, 너무 크게 웃어서 드러나 보이는 가짜 치아, 그리고 그녀가 자랑스러워했던 살이 붙은 그녀의 팔을 보면 그것을 알 수 있다. 한편 왕은 덩치가 비대하고 다소 거만한 인물이었다. 여러 개의 훈장을 착용한 왕은 붉은 얼굴을 가졌으며 그의 눈동자는 텅 비어 있다. 그는 왕실이 왕비와 마누엘 고도이의 손아귀에 놀아나도록 내버려 둘 정도로 나태한 왕이었다.

고야는 작품의 중앙에 왕비를 그려 넣고 그녀의 어린 자녀들을 양쪽에 그려 넣었다. 그렇게 하면 허영심이 많은 그녀가 흡족해하리라는 것을 알았던 것이다. 작품 속의 어린 소년 프란시스코 데 파울라Francisco de Paula는 그의 부모님의 손을 꼭 잡고 있다. 이는 그 아이가 마누엘 고도이와 낳은 사생아라는 추문을 덮어 버리려는 의도인지도 모른다. 왼쪽에 있는 푸른 옷을 입은 젊은 남성이 바로 미래의 페르난도 7세Ferdinand VII다. 그의 남동생인 카를로스Carlos는 붉은 옷을 입었는데, 페르난도 7세의 등허리에 손을 얹어서 그를 밀고 있다. 마치 그로 하여금 다음 왕이 되라고 밀어주는 것 같은 모양새다. 하지만 후에 카를로스는 왕좌를 얻기 위해 그의 형제를 상대로 다투게 된다.

뒷벽의 그림을 바라보는 얼굴 없는 여성은 아직 알려지지 않았던 인물로, 미래에 페르난도 7세의 아내가 된다.

저항과 고립

1807년 12월에 나폴레옹은 페르난도 7세가 그의 부모를 배반할 음모를 꾸미도록 돕는다. 그리고 그 시도가 실패하자, 나폴레옹은 스페인 침략을 준비한다. 나폴레옹이 스페인을 침략한다는 소식을 들은 마누엘 고도이, 스페인 왕, 그리고 왕비는 아란후에즈 왕궁 Palace of Aranjuez 으로 도피해서 몰래 빠져나갈 궁리를 한다. 그러나 1808년 3월 17일, 페르난도 7세의 지지자들이 마누엘 고도이를 대적해 들고 일어나 아란후에즈로 행진을 한다.

마누엘 고도이는 왕궁의 다락방에서 돌돌 말린 카펫 사이에 숨어 있다가 이틀 후 발각되었다.

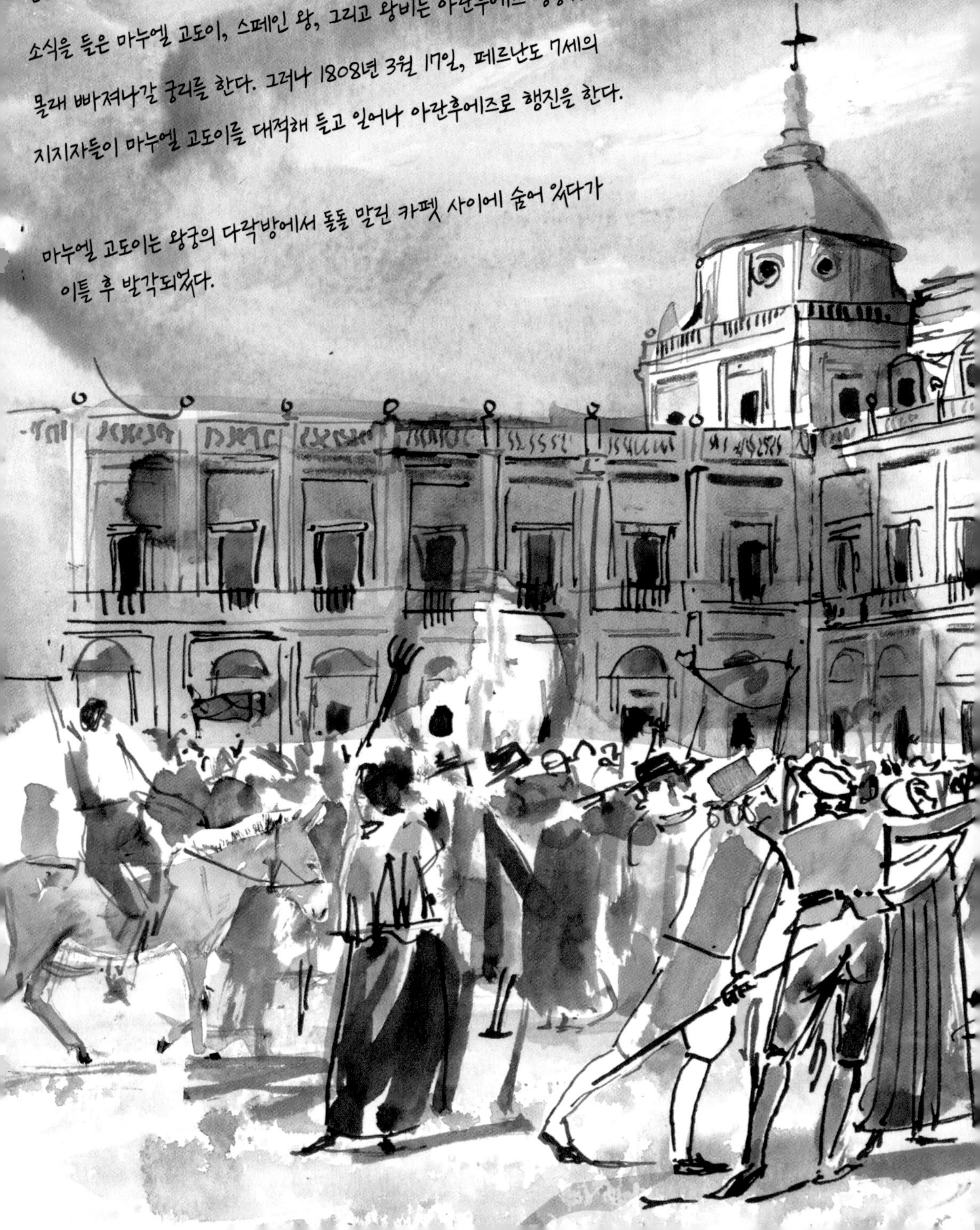

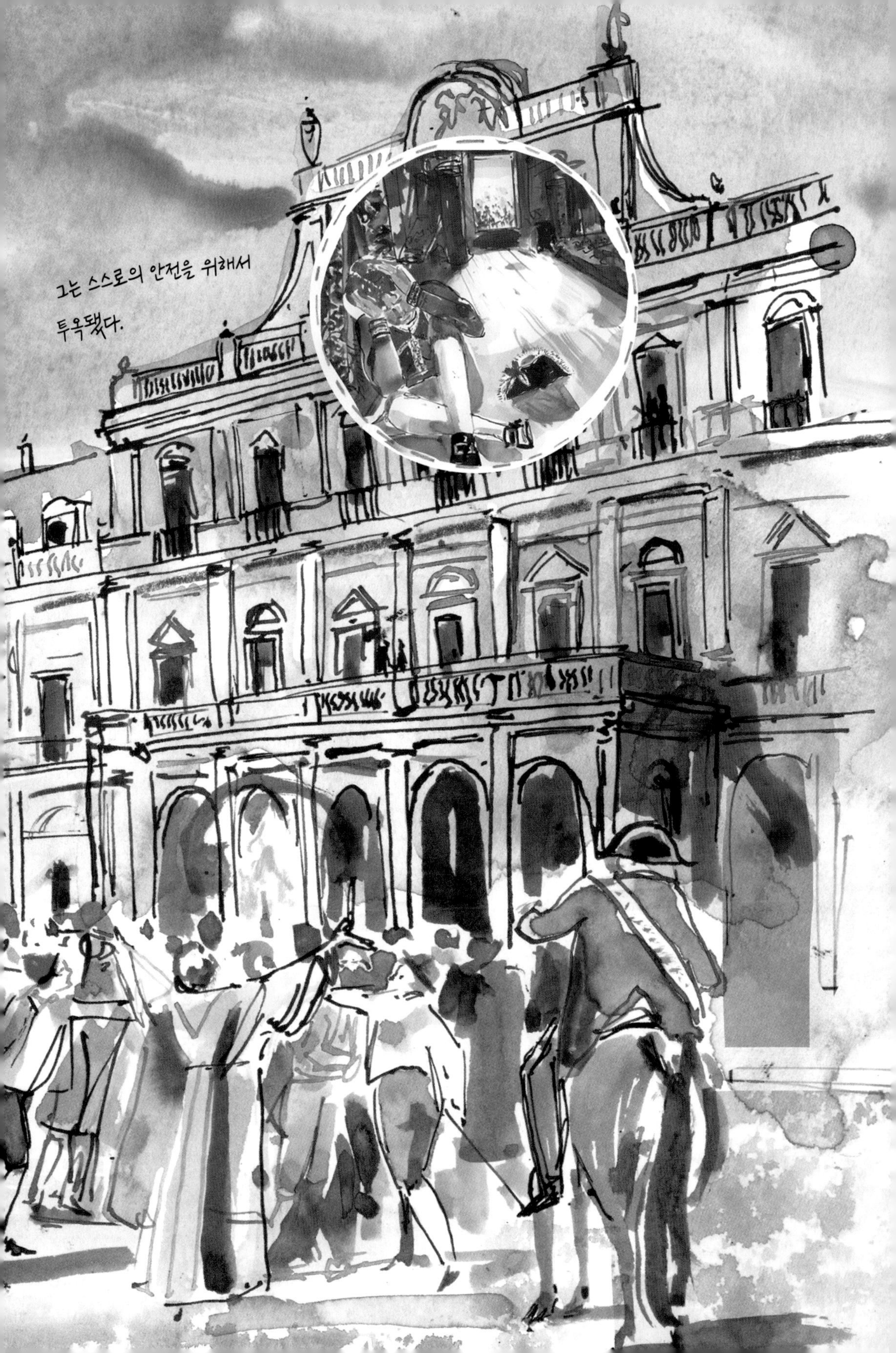
그는 스스로의 안전을 위해서
투옥됐다.

1808년 5월 3일

마누엘 고도이가 파멸하자 스페인 왕의 위치도 불안해졌다. 그는 자신의 아들인 페르난도 7세에게 자리를 내주었지만, 페르난도 7세는 왕좌에 오래 머물지 못했다. 4월이 되자 나폴레옹은 그를 프랑스와 스페인의 국경에 위치한 바욘Bayonne으로 오라고 불렀는데, 그 당시 이미 그의 부모와 마누엘 고도이는 체포된 상태였다. 그 장소에서 그는 강제로 왕좌를 아버지에게 돌려주도록 압박을 받았고, 그의 아버지는 나폴레옹에게 왕좌를 넘겼다. 5월 2일에 나폴레옹 수하의 뮤라Murat 중장은 프랑스 군대를 지휘하며 마드리드로 행진했다.

프랑스가 마드리드를 차지한 후, 스페인 군대는 질서를 모두 잃어버리게 되었다. 스페인 정부에는 명령을 내릴 만한 사람이 남아 있지 않았다. 도시의 새로운 지배자인 뮤라 장군은 왕궁에서 반프랑스 감정을 가진 것으로 의심되는 사람들을 억류하고 처형하도록 명령하기 시작했다. 처형식이 벌어진 언덕은 고야의 집에서도 보이는 장소였다. 고야는 망원경을 소유하고 있었기 때문에 그는 처형이 벌어지는 모습을 직접 보았을지도 모른다.

그 일이 있은 후 6년이 지나고 고야는 이 그림을 그렸다. 이 유명한 작품은 처형이 시행된 첫째 날 밤의 모습을 담고 있다. 작품에는 총을 겨누고 있는 군인들의 뒷모습이 보인다. 그들은 아무런 표정이 없는 사형 집행인들이며 마치 기계와 같은 모습이다. 그리고 그날 밤새도록 군인들은 총을 쏘았다. 고야의 작품을 보면, 바닥에는 시체들이 쌓여 있으며 땅은 피로 물들어 있다.

그때 처형된 사람들은 두려움과 절망, 혼란과 저항 속에서 홀로 죽어갔다. 작품 속의 두 남성은 총을 쳐다보고 있다. 그들 옆에는 기도하는 수도사가 있는데, 그는 작품 속에서 사제가 아니라 처형되는 사람 중 하나다. 이 작품의 중심은 흰 셔츠와 노란 바지를 입은 남성으로, 큐브 형태의 램프가 그를 비추고 있다. 그의 두 눈의 흰자가 그의 어두운 피부와 대조를 이루고 있다. 이 남성은 군인들에게 굴하지 않으며 두 팔을 허공으로 뻗고 있는데, 마치 십자가형을 받는 그리스도와 비슷한 형상이다. 그의 펼친 손바닥에는 못자국stigmata이 나 있는데, 이는 그리스도의 못자국을 뜻한다. 이렇게 작품을 통해서 고야는 결국 아무런 성과도 내지 못한 이 남성의 용기 있고 '영광스러운 저항'을 승리가 아닌 순교로 추모한 것이다. 이것은 이전의 전쟁 미술에서 볼 수 없었던 새로운 작품이다.

작품에 등장하는 거대한 큐브 형태의 램프가 시선을 끈다. 이것은 르네상스 미술에 등장하는 성스러운 금색 빛이 신비스럽게 성경 속 인물들을 비추는 요소가 되는 것과는 다르다. 고야가 표현한 램프는 현대적인 모습이고, 마치 전구처럼 밝은데, 이 작품 내에서 필수적인 요소다. 왜냐하면 이 램프가 빛을 비춰 주기 때문이다. 피카소Pablo Picasso도 후에 이 램프에 대해서 이렇게 주목했다.

> 그리고 여기를 보면 바닥에 거대한 램프 하나가 정중앙에 놓여 있다네. 이 램프가 도대체 무엇을 비추고 있다고 생각하는가? 두 팔을 든 친구, 바로 순교자일세. 자세히 살펴보게. 이 빛이 바로 이 남자를 비추고 있다네. 이 램프는 죽음을 의미하는 것일세. 왜냐고? 그것은 우리가 알 수 없지. 그리고 고야 역시도 모를 것이네. 하지만 이렇게 그리는 것이 옳다는 것을 고야는 알고 있었던 것이네.

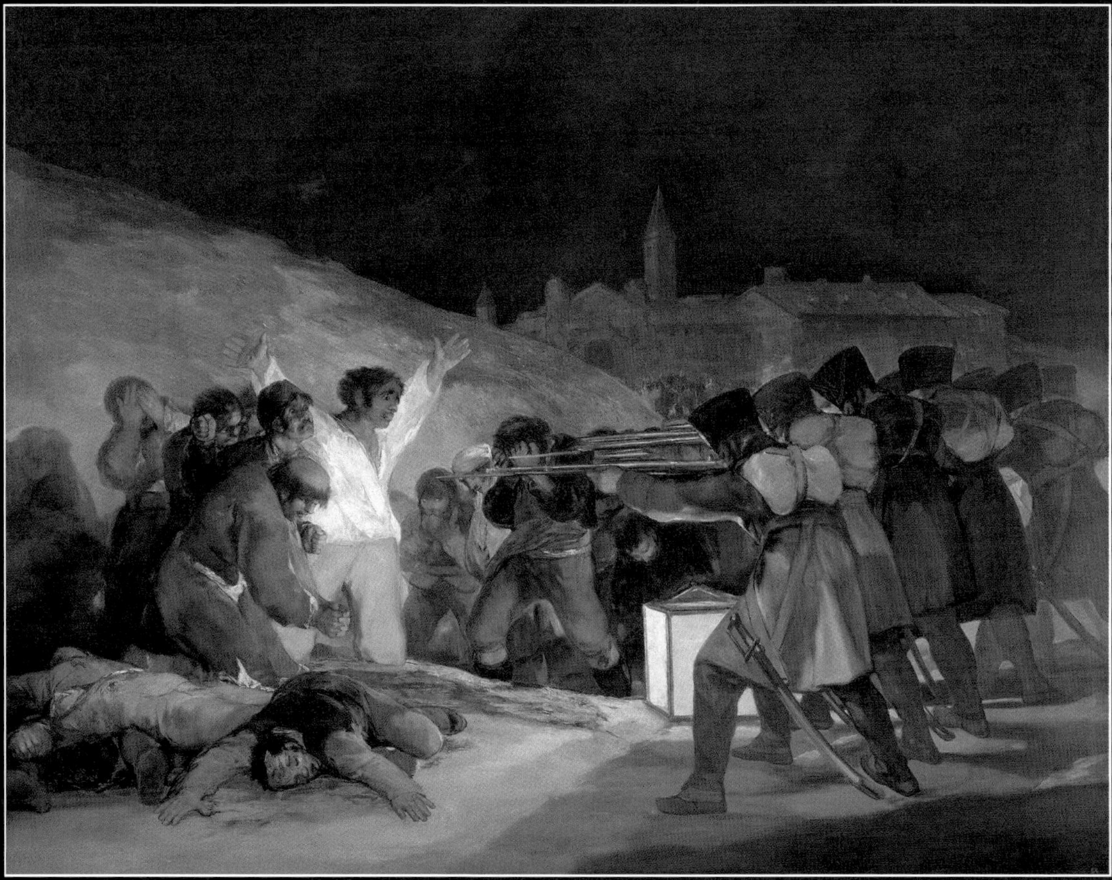

1808년 5월 3일(복원 이후의 모습)
The Third of May, 1808

프란시스코 고야, 1814

캔버스에 유화
268 × 347 cm(105½ × 136⅝ in)
프라도 미술관, 마드리드

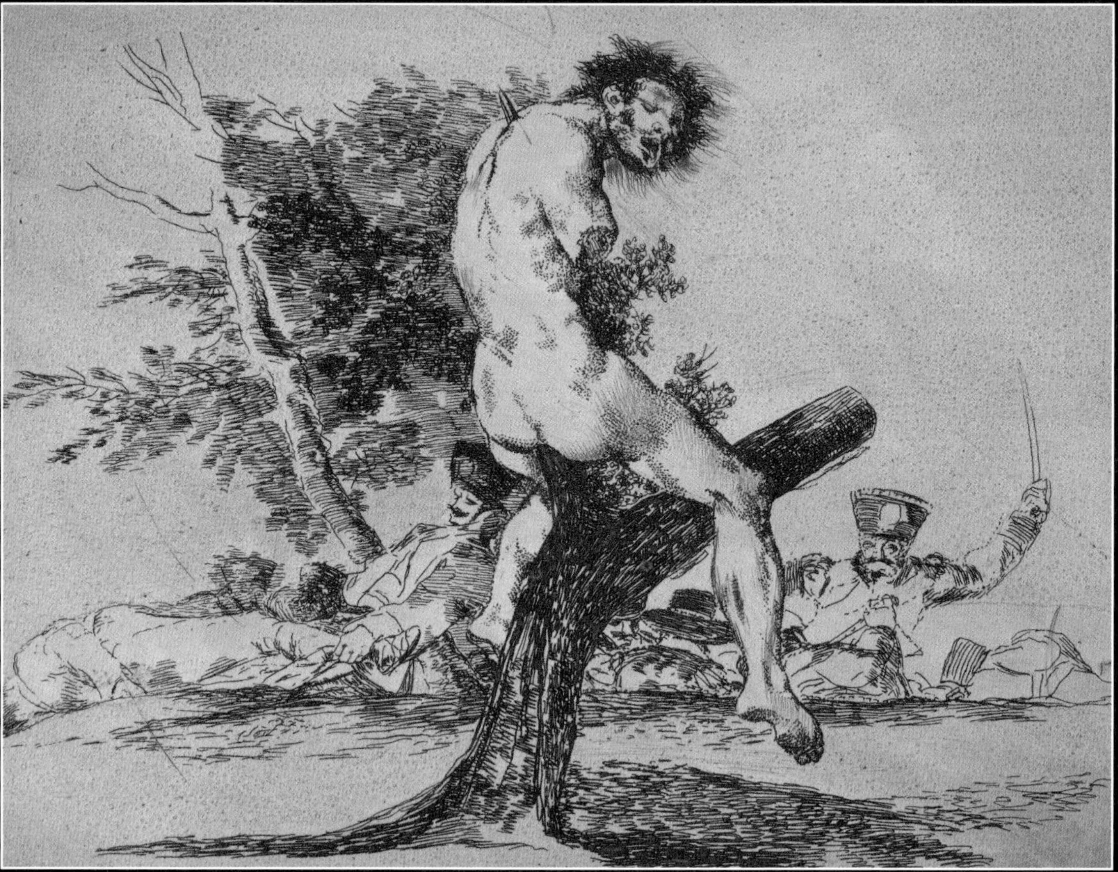

〈전쟁의 재앙〉 중 '더욱 참혹한 것' 37번 작품

This is worse, number 37 from
The Disasters of War

프란시스코 고야, 1810~1820

전쟁의 재앙

1808년 10월, 고야는 호세프 파라폭스Josef Palafox 장군과 동행해 사라고사로 갔다. 사라고사는 6월에서 8월까지 포획된 상태였다. 고야는 '훌륭한 그곳의 시민들을 그림으로 그리기 위해 나는 황폐한 사라고사의 현재 상황을 보기를 원한다. 나는 내 고향의 영광에 지대한 관심을 가지고 있기 때문에 가지 않을 수 없다'라고 하며 사라고사로 향했다.

이 시기에 고야가 그린 그림들은 〈전쟁의 재앙Los Desastres de la Guerra, The Disasters of War〉 연작에 사용된다. 〈전쟁의 재앙〉은 인간이 서로에게 끔찍한 짓을 저지르는 참상을 고발하는 작품으로 보는 이를 불편하게 만든다.

11월이 되자 고야는 푸엔데토도스로 도피했다. 12월에 두 번째 포위가 시작되자 고야는 자신이 그린 스케치 작품들 중 일부를 없애 버렸다. 이는 그 작품들이 프랑스인들의 손에 들어가는 일을 막기 위해서였다.

1809년 5월에 고야는 마드리드로 부름을 받는데, 이는 스페인의 새로운 지배자이자 나폴레옹의 형제인 호세 1세José I를 모시라는 명령이었다. 고야는 '침략자 왕intruder-king'의 초상화를 그렸다. 이는 고야가 몰래 〈전쟁의 재앙〉 작품들을 작업하면서 그린 풍자 작품이다. 고야는 판화 연작으로 작품들을 출판하려고 했으나, 결국 그가 살아있는 동안에는 그렇게 하지 못했다.

고야가 표현한 참극 중 하나가 바로 이 작품이다. 작품을 보면 인간의 파괴된 육체가 드러나 있다. 이것은 헤라클레스를 묘사한 고전 조각품인 〈벨베데레의 토르소Belvedere Torso〉를 기반으로 제작된 것으로, 고야는 〈벨베데레의 토르소〉를 이탈리아에 체류하는 동안 스케치했던 적이 있다. 고야는 이 작품에서 전쟁이라는 참혹한 것을 표현하는 동시에 한 질문을 던진다. 그 질문은 바로 야만적인 두려움이 존재하는 동안 예술의 역할은 무엇이냐는 것이다. 전통적으로 전쟁 미술은 영웅적 행위를 표현하는 장르였다. 그러나 고야에게 전쟁 미술은 진실을 드러내는 도구였다. 이 판화 작품들은 전통을 깨는 예술 작품이면서 불편하도록 현실적인 작품이었다.

그 중 한 작품에 고야는 이렇게 썼다. '내가 이것을 보았다. 그리고 이것도 보았다.' 그러므로 고야가 그린 것은 그가 상상한 것이 아닌 그의 경험이었다.

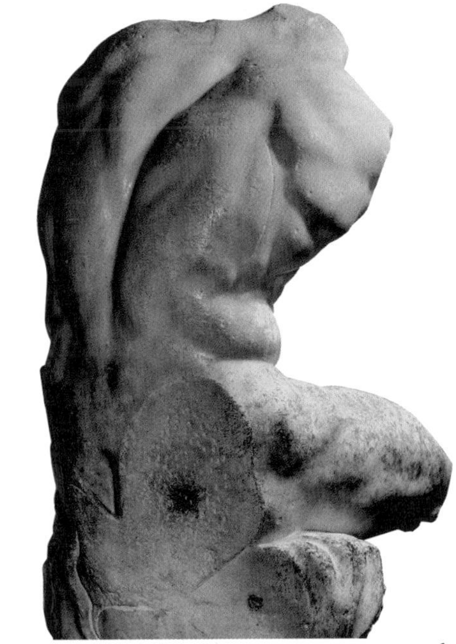

벨베데레의 토르소
Belvedere Torso

기원전 1세기

대리석
높이 156.5 cm(61⅝ in)
지지대 포함 214 cm(84¼ in)
피오 클레멘티노 미술관, 바티칸 시국

여성들을 위한 절규

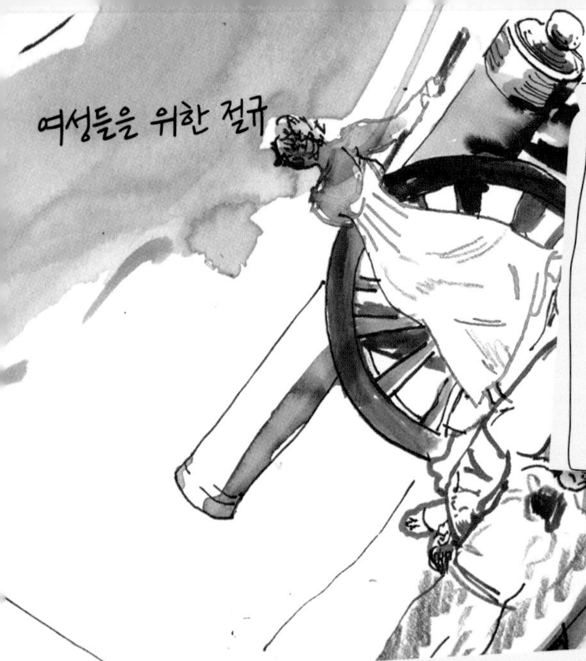

고야는 그의 <전쟁의 재앙> 연작을 통해서 여성들의 기백과 용기 있는 행동에 주목했다. 이것 또한 전쟁 미술의 새로운 주제로, 여기서 여성들은 수동적인 피해자가 아닌 능동적인 주인공으로 등장한다.

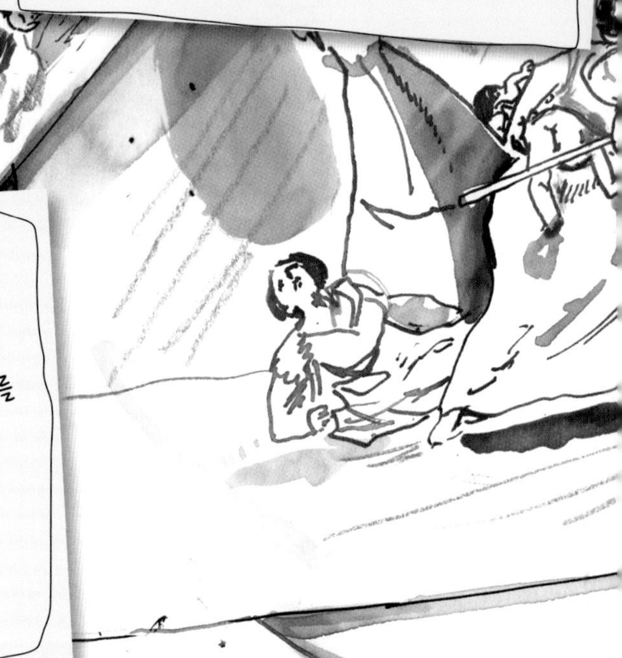

연작 전체에 등장하는 몇 명의 영웅들 중 하나가 바로 아라곤의 아구스티나 Agustina of Aragon 이다. 그녀는 사라고사가 포위되었을 때 시체들 위로 올라가서 대포를 쏘았다. 그리고 스페인이 자유를 얻었을 때, 그녀는 훈장과 연금을 지급받았다. 이는 전쟁에 참여한 일반 군인처럼 그녀를 대우한 것이다.

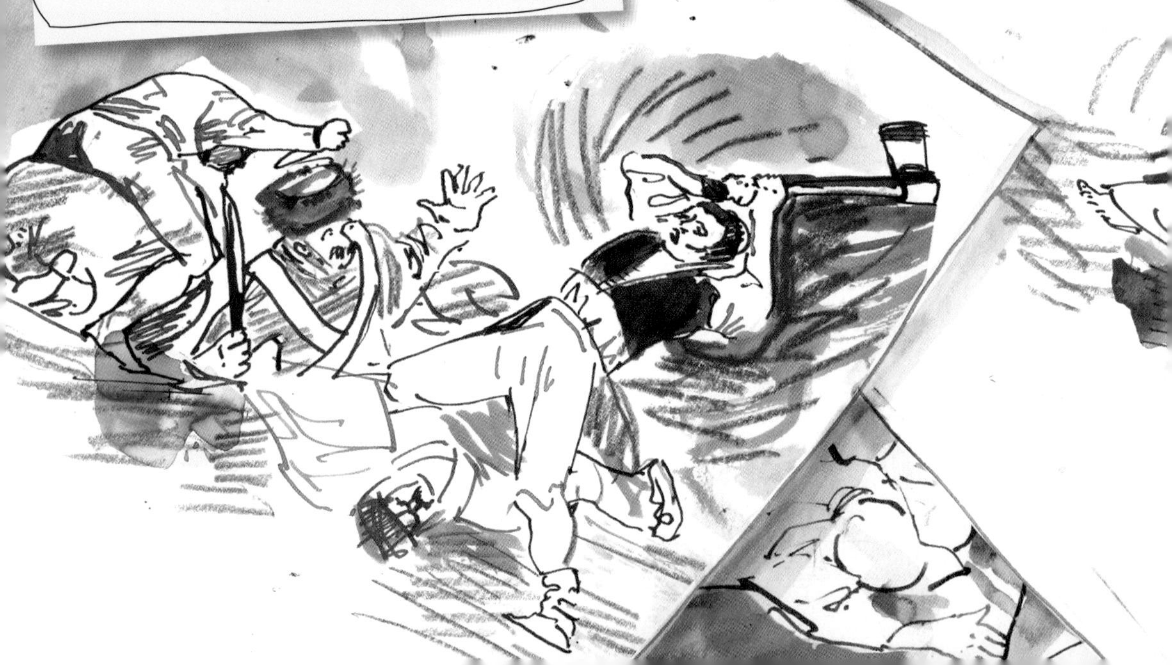

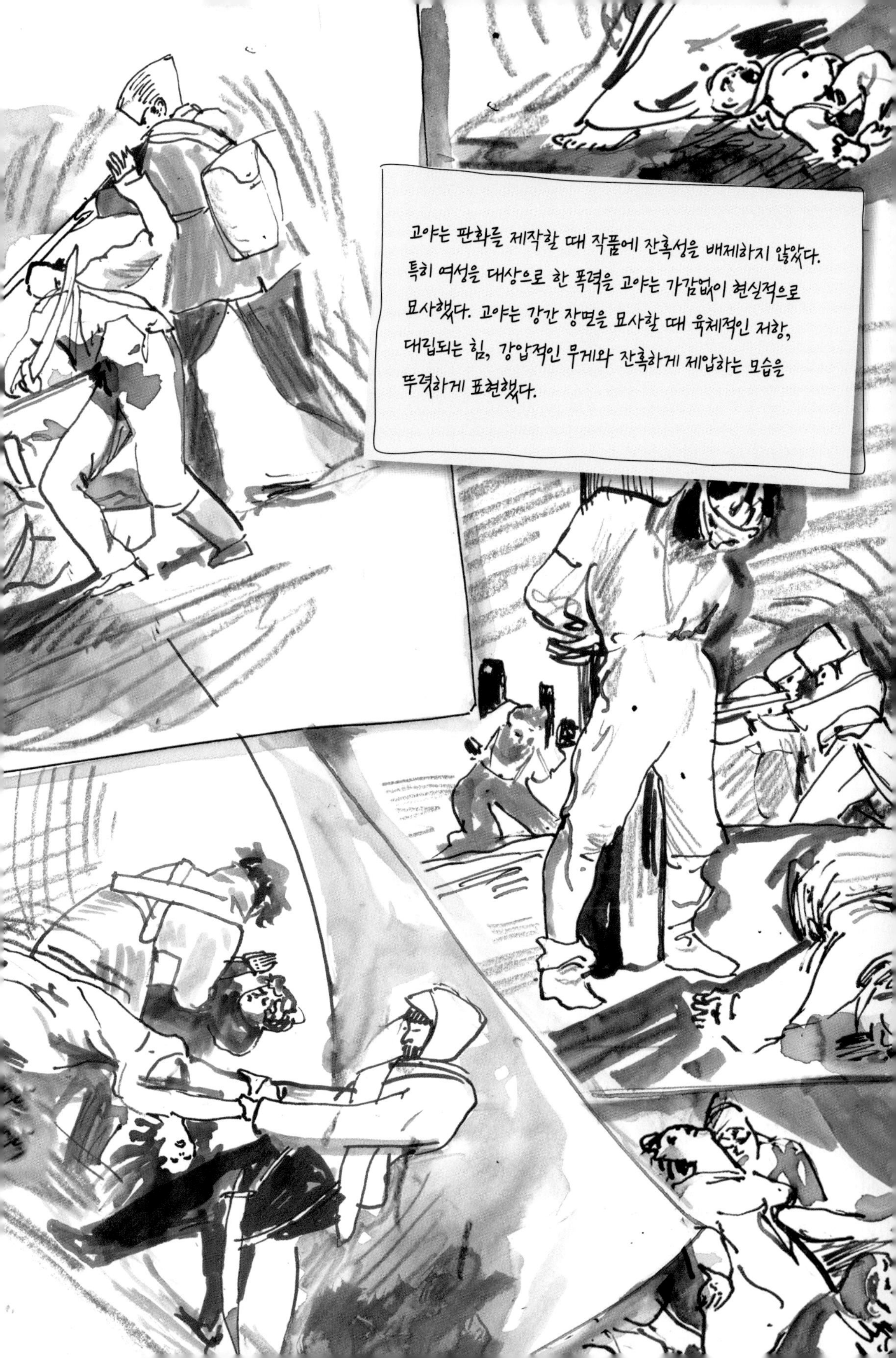
고야는 판화를 제작할 때 작품에 잔혹성을 배제하지 않았다. 특히 여성을 대상으로 한 폭력을 고야는 가감없이 현실적으로 묘사했다. 고야는 강간 장면을 묘사할 때 육체적인 저항, 대립되는 힘, 강압적인 무게와 잔혹하게 제압하는 모습을 뚜렷하게 표현했다.

페르난도 7세

1812년 6월에 전쟁은 막바지에 다다랐고, 고야의 아내가 65세의 나이로 사망했다. 이로 인해 고야는 어두운 분위기의 그림들을 다수 그렸는데, 죽은 새, 토끼, 고깃덩어리 같은 주제들을 사용했다. 이러한 것들은 인생의 덧없음을 상징하는 주제들로 정물화 관습에서 가져온 것이었다.

8월이 되자 웰링턴 공작Duke of Wellington이 마드리드에 앵글로-히스패닉-포르투갈 연합군을 끌고 도착했다. 고야는 웰링턴 공작이 말을 탄 모습을 그림으로 그렸고, 그 작품은 일주일 동안 마드리드의 왕립 아카데미에서 전시되었다. 일 년이 지난 후, 비토리아 전투battle of Vitoria에서 패배한 프랑스 군대는 스페인을 떠났다. 이것은 결과적으로 좋은 일이었다.

그동안 왕자의 신분이었던 페르난도 7세와 카를로스는 여전히 프랑스의 발랑세 성Château de Valençay에 가택 연금된 상태였다. 당시 페르난도 7세는 지역 교회의 단상에 쓰일 천에 수를 놓는 일을 했다. 그는 영국을 적으로 삼고 스페인과 프랑스 간의 동맹을 서약하는 조약을 맺고 나서 1813년 12월에 자유를 얻었다. 그다음 해에는 나폴레옹이 권좌에서 내려오게 되었고, 1815년 6월에 그는 워털루 전쟁Battle of Waterloo에서 패배한다.

그러는 동안, 한 무리의 계몽주의자들이 멀리 떨어져 있는 카디스Cadiz에서 모임을 가졌다. 그들은 왕실의 권력을 제한하는 헌법을 제정해서 봉건주의를 없애려고 했다. 그렇게 해서 그들은 고문을 금지하고 언론의 자유를 확립하고자 한 것이다. 또한 그들은 스페인 종교 재판도 폐지하려고 했다.

드디어 1814년 3월이 되자 페르난도 7세는 국경을 넘어 스페인으로 들어왔다. 페르난도 7세는 카디스 헌법the Cadiz Constitution을 받아들이는 척했지만, 두 달이 지난 후에 그것을 부인했다. 그는 지도자들을 체포한 뒤 왕권신수설을 주장하며 왕의 신분으로 마드리드에 입성했다. 왕이 된 페르난도 7세는 전혀 바람직한 인물이 아니었다. 그는 국민들이 '바라던 인물the desired one'이라고 알려졌는데, 처음에 페르난도 7세는 그들의 문제를 계몽주의자들의 탓으로 돌렸다. 페르난도 7세가 왕좌를 차지하는 순간, 그는 절대주의를 기반으로 사회를 개혁하기 시작했고 예수회Jesuits와 종교 재판을 부활시켰다.

그때에도 고야는 왕을 위해 일하는 화가였다. 그는 왕이 된 페르난도 7세를 위해서 수많은 초상화를 그렸으나, 그 모든 초상화 작품들은 단 한 번에 작성한 스케치 한 점을 기반으로 한 것이었다. 고집 세고 화를 잘 내며 의심이 많은 왕의 표정은 그를 정확하게 표현한 것이다. 그리고 왕의 우스꽝스러운 수행단 중에는 아첨꾼, 알랑거리는 사람들과 천박한 인물들이 가득했다. 이 작품에서 페르난도 7세는 그가 입은 거대한 대관식 예복에 비하면 약소해 보이며, 마치 익살극에서 광대 역할을 하는 인물처럼 우스꽝스러워 보인다.

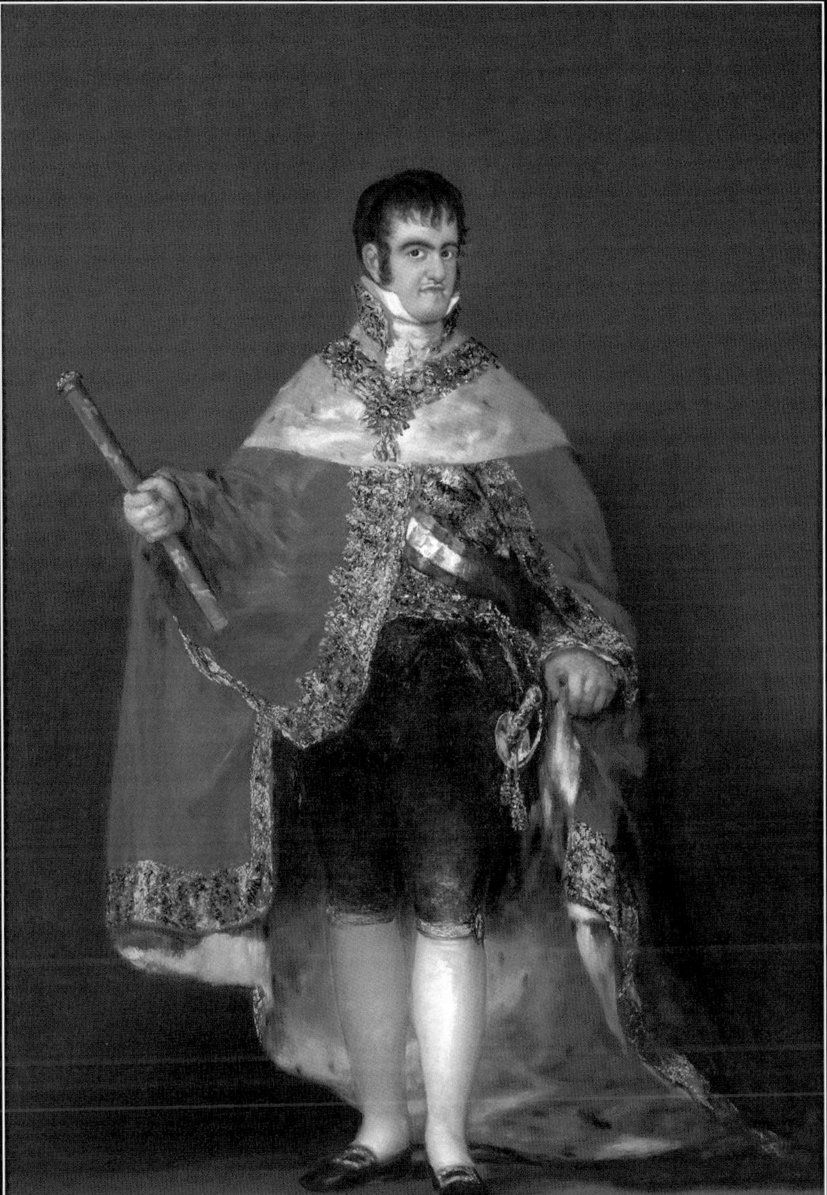

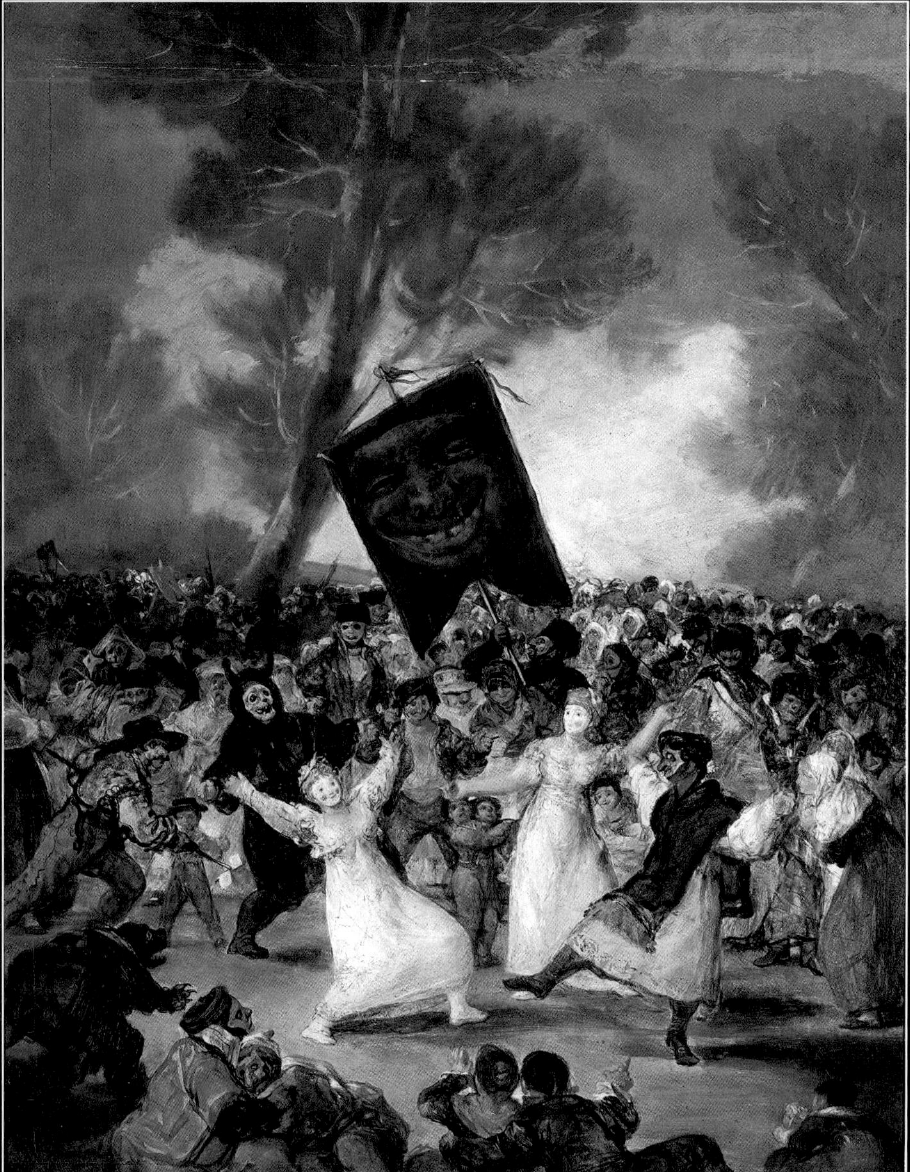

정어리의 매장

The Burial of the Sardine

프란시스코 고야, 1812~1814

패널에 유화

82.5 × 52 cm(31½ × 20½ in)

산페르난도 왕립 미술 아카데미, 마드리드

정어리의 매장

1814년 5월, 페르난도 7세는 카디스 헌법을 무효화하는 동시에 종교 재판의 권력을 부활시킨다. 그렇게 스페인에 존재했던 진보와 개혁의 소망은 모두 사라져 버린다.

그와 비슷한 시기에, 고야는 카니발 같은 분위기의 작품을 그렸다. 이 작품의 제목인 〈정어리의 매장〉은 그 유래가 분명하지 않다. 카니발의 마지막 순서를 의미하는 특정한 의식과 관련이 있다고는 하지만, 그 의식과 이 그림 자체는 거의 아무런 관계가 없다. 작품에 등장하는 군중은 화려한 의상을 입은 인물들을 바라보고 있는데, 그 인물들은 기괴한 미소를 짓고 있는 가면이 그려진 깃발 아래서 춤을 추고 있다. 이것에는 두 가지 의미가 존재한다. 바로 이 장면 뒤에 초기 작품이 숨겨져 있기 때문인데, 그것은 레이킹 라이트raking light(역주: 그림이나 조각의 표면의 세세한 특징들을 드러내는 조명 방식)를 사용하면 볼 수 있다. 작품 속에는 대중을 뚫고 등장하는 유령 같은 인물들과 깃발 위의 가면 뒤에서 춤을 추는 해골이 보인다. 그리고 그 위에는 '죽음Mortus(Death)'이라는 단어가 쓰여 있다.

이 작품의 바탕칠은 고야가 그린 반종교적인 작품과도 닮아 있다. 그 작품에는 여러 가지 상징을 달고 있는 깃발 아래서 수도사들과 수녀들이 춤을 추는 모습으로 등장하는데, 그 상징들 중에는 교황이 쓰는 교황관도 있다. 또한 그들 위에는 '죽음Mortus'이라는 단어가 쓰여 있다. 그 작품에 대한 가장 신빙성 있는 추측은 바로 그것이 수도사들과 수녀들이 종교 재판의 부활을 축하하는 장면이라는 것이다.

11월이 되자 종교 재판은 마하 문화를 따르는 자들majas을 체포하고 또한 고야를 수사하기 시작한다. 게다가 고야는 그가 호세 1세José Bonaparte의 화가로 일했던 것 때문에 '궁정의 고용인들을 정화하기 위한 위원회Commission for the Purification of Employees of the Royal House'로부터도 수사를 받던 중이었다. 이런 상황에서 고야는 그가 그린 작품들을 없애 버렸을 수도 있겠지만, 그 대신에 고야는 그림들을 변장시켰다.

운 좋게도, 고야는 위원회로부터 무죄 판결을 받는다. 이는 고야가 '침략자 왕intruder-king'에게서 훈장을 받았지만 그 훈장을 단 한 번도 달지 않았다고 주장한 덕이었다. 게다가 고야는 프랑스의 스페인 침략의 끔찍한 참상, 그리고 사라고사가 폐허가 된 모습을 그려서 출판했기 때문에 그런 판결을 받을 수 있었다.

또한 고야는 종교 재판도 피하게 되었다. 그러나 어떻게 그럴 수 있었는지는 알려진 바가 없다. 하지만 스페인에 새로운 수구파 정권이 들어서면서 계몽주의자인 고야의 입지는 위험해졌다.

투우

카를로스 4세는 스페인을 계몽화가 된 국가로 위상을 높이기 위해서 1805년에 투우를 금지했다. 1811년에 호세 1세는 그 '축제 fiesta '를 부활시키는데, 이는 스페인 국민의 민심을 사기 위해서였다.

고야는 늘 투우에 관심을 가졌다. 고야는 어린 시절에 투우에 직접 참여했고, 투우가 금지되기 전에는 열정을 갖고 투우 경기를 관람했다. 그러나 투우는 논란이 많은 이야깃거리가 되었다. 이 주제에 대해서 계몽주의자들은 의견이 나뉘었는데, 일부 계몽주의자들은 투우가 야만적이라며 강하게 반대했다. 고야는 그런 사람들에 굴하지 않고 그의 열정을 좇아서 투우를 주제로 한 판화 연작을 제작했다. 고야의 이런 결정은 그가 모라틴의 지지를 받고 있었기에 가능했을 수도 있다. 고야의 작품 〈투우 Tauromaquia〉는 '스페인에서 이루어지는 이 축제의 초기 단계, 발전, 그리고 현 상태에 대한 정보'를 알려주기 위해서 제작된 것으로, 완성된 상태로 판매되었다. 그러나 고야가 바라던 것보다 〈투우〉는 잘 팔리지 않았다.

20세기에 예술 평론가 미셸 레리스Michel Leiris는 폭력적인 스포츠인 투우가 '우리 자신에 대해서 가장 깊은 곳에 숨겨져 있는…혹은 가장 친밀한 무언가와 접촉하게 만드는' 종교적인 축제라고 비유했다. 고야의 놀랍도록 아름다운 판화 작품들은 그것에 중요성을 부여하는 것이다. 판화 20번 작품에 등장하는 소박한 배경은 영화 스틸 컷 같은 분위기를 자아낸다. 고야는 중요한 순간을 정확하게 잡아내는 그의 능력으로 전설적인 투우사인 후아니토 아피나니Juanito Apiñani 가 그의 유명했던 시절에 공연하는 모습을 표현해 냈다. 이 작품에서 황소가 그를 뿔로 들이받는 순간에 후아니토 아피나니는 공중에 매달려 있는데, 그는 대단한 기량을 보이면서 동시에 큰 위험에 노출된 상태이다. 작품 내의 모든 요소들이 주제를 뒷받침해주고 있다. 투우사와 황소 빼고는 아무것도 있지 않은 링 안에 그들은 고립되어 있고, 작품 속 관중의 시선은 작품을 감상하는 이로 하여금 투우사와 황소의 전투에 눈을 고정하게 만든다. 또한 사선 그림자는 위험천만한 무기로 사용되는 소의 뿔로 시선을 향하게 한다.

고야는 이 판화 연작에서 굉장히 다른 형식의 작품을 보여준다. 그가 사용하는 표현주의적인 형식(미완성으로 보이게 만드는 것)은 이 연작에서는 찾아볼 수가 없다. 그 대신에, 이 연작에 포함된 작품들은 명확한 인상을 준다. 이러한 변화는 고야가 얼마나 예민하게 상황을 관찰했는지를 알려준다. 고야는 통찰력을 갖고 투우를 관람했으며, 날렵한 선, 그리고 날카로운 빛과 어둠의 대조를 통해서 링을 비추는 밝은 이베리아의 태양과 어두운 그림자를 잡아냈다. 작품에 사용된 정밀한 선은 투우 경기의 흡입력을 보여준다.

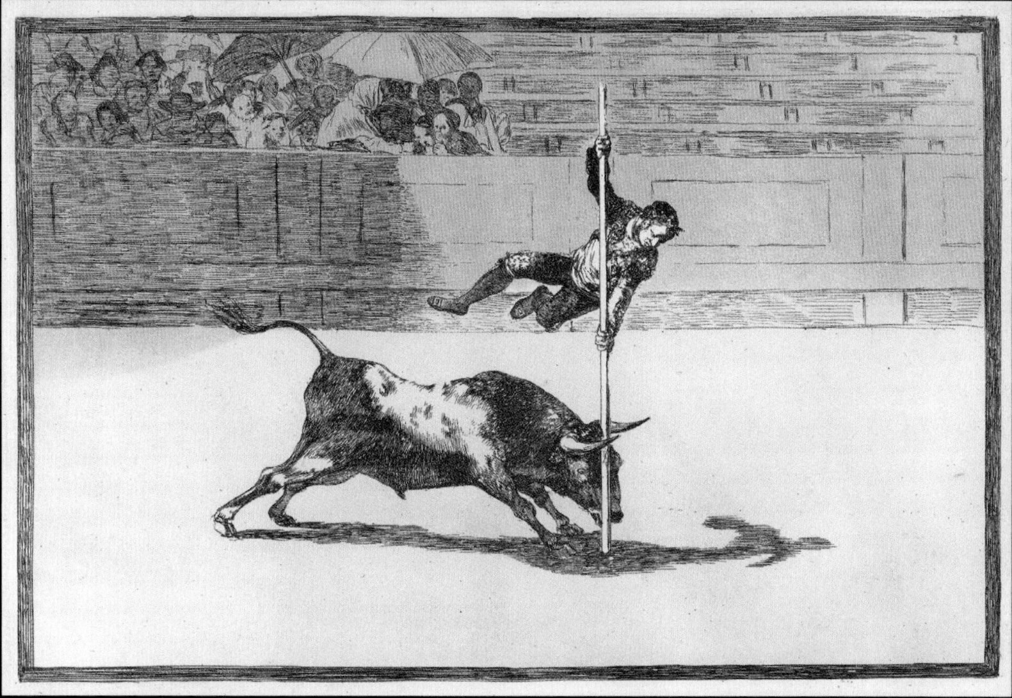

마드리드 투우장의 빠르고 대담한 후아니토 아피나니, 〈투우〉 20번 작품

Lightness and Daring of Juanito Apiñani

number 20 from Tauromaquia

프란시스코 고야, 1816년 혹은 그 이전 작

에칭 및 애쿼틴트 (제1쇄)
24.5 × 35.5 cm(9⅝ × 14 in)
예일대학교 미술관, 아서 로스 컬렉션, 2012.159.38.20

귀머거리의 집

'검은색은 가장 골칫덩어리이자
가장 매력적인 색이다.'
괴테Johann Wolfgang von Goethe

1819년 2월, 고야는 귀머거리의 집House of the Deaf Man이라는 자신에게 걸맞은 이름을 지닌 집을 매입했다. 그는 그 집에서 그보다 나이가 어린 레오카디아 웨이스Leocadia Weiss 그리고 그녀의 딸인 로사리오Rosario와 함께 살았다 (로사리오가 고야의 딸이었을 가능성도 있다). 그 해가 끝날 무렵에 고야는 심각한 병을 앓게 되고 거의 생사를 오가는 상황에 이르는데, 귀도 들리지 않고 절망적인 상황에 사로잡히게 된다. 그런 그가 느꼈을 고립감은 상상에 맡기겠다. 병에서 회복하고 나서 고야는 그의 일생에서 가장 특별한 작업을 시작한다.

고야는 한 사람의 영혼이라고 표현할 수 있는 장소인 집 벽에 〈검은 그림Black Paintings〉 연작을 3년 동안 그린다. 14점의 거대한 벽화로 그의 집의 두 층이 가득 채워졌다. 고야는 무시무시한 분위기를 가진 검은색을 독립적으로 사용해 외로운 인물들을 극심하게 우울한 모습으로 표현했다. 또한 그는 인간의 신체에 존재하는 파인 부분들을 깊게 표현했는데, 그의 작품에 탐욕스러운 입, 깊은 눈알과 두려움에 찬 동공 같은 요소를 등장시킨 것이다. 그러므로 고야가 죽음에 이르렀던 때, 그는 직접 본 끔찍한 환상으로 가득한 환경에서 지냈던 셈이다.

고야가 병과 전쟁으로 인한 트라우마 때문에 미쳐 버렸다고 주장하는 사람들도 있다. 고야가 사용한 노골적이고 격렬한 표현으로 보건대, 고야는 희열을 느끼면서 작업에 임한 것으로 보인다. 고야는 아무런 방어 없이 분노와 슬픔을 가장 장엄한 방식으로 생생하게 드러낸 것이다.

고야의 판타지에 영향을 준 요소 중 하나는 에티엔 로버트Etienne-Gaspard Robert의 최신 환상극장이었을 것이다. 1821년부터 에티엔 로버트는 마드리드의 극장에서 종종 공연을 했는데, 그가 보여주는 환상은 고야가 이미 알고 있었던 초기의 마법 랜턴 효과와는 매우 달랐다. 이것은 온 마음을 사로잡는 경험이었다. 공연 중, 새까만 극장에서 죽은 자의 유령들이 등장하기도 했다. '현실 효과'를 극대화하기 위해서 에티엔 로버트는 연기를 이용해서 인물들이 더욱 투명하고 유령처럼 보이게 만들었으며, 랜턴에 바퀴를 달아 앞뒤로 움직여서 실제 영화처럼 보이는 움직임을 창조해냈다. 에티엔 로버트가 만든 캐릭터는 관객을 향해서 움직였고, 그것을 보는 관객들은 두려움에 떨었다. 어떤 관객은 심지어 그림자를 향해서 지팡이를 휘두르기까지 했다.

계몽주의 사상가들은 미신과 사악한 힘을 믿지 않았다. 그와 동시에, 불안과 두려움이 내면에 자리 잡게 되었다. 에티엔 로버트의 텅 빈 검은 극장과 고야의 〈검은 그림〉은 이 내면의 불안한 현실을 은유적으로 드러낸 것이라고 볼 수 있다. 분명한 것은, 이러한 내면의 불안한 현실로부터 실제로 끔찍한 것들이 생겨났다는 사실이다.

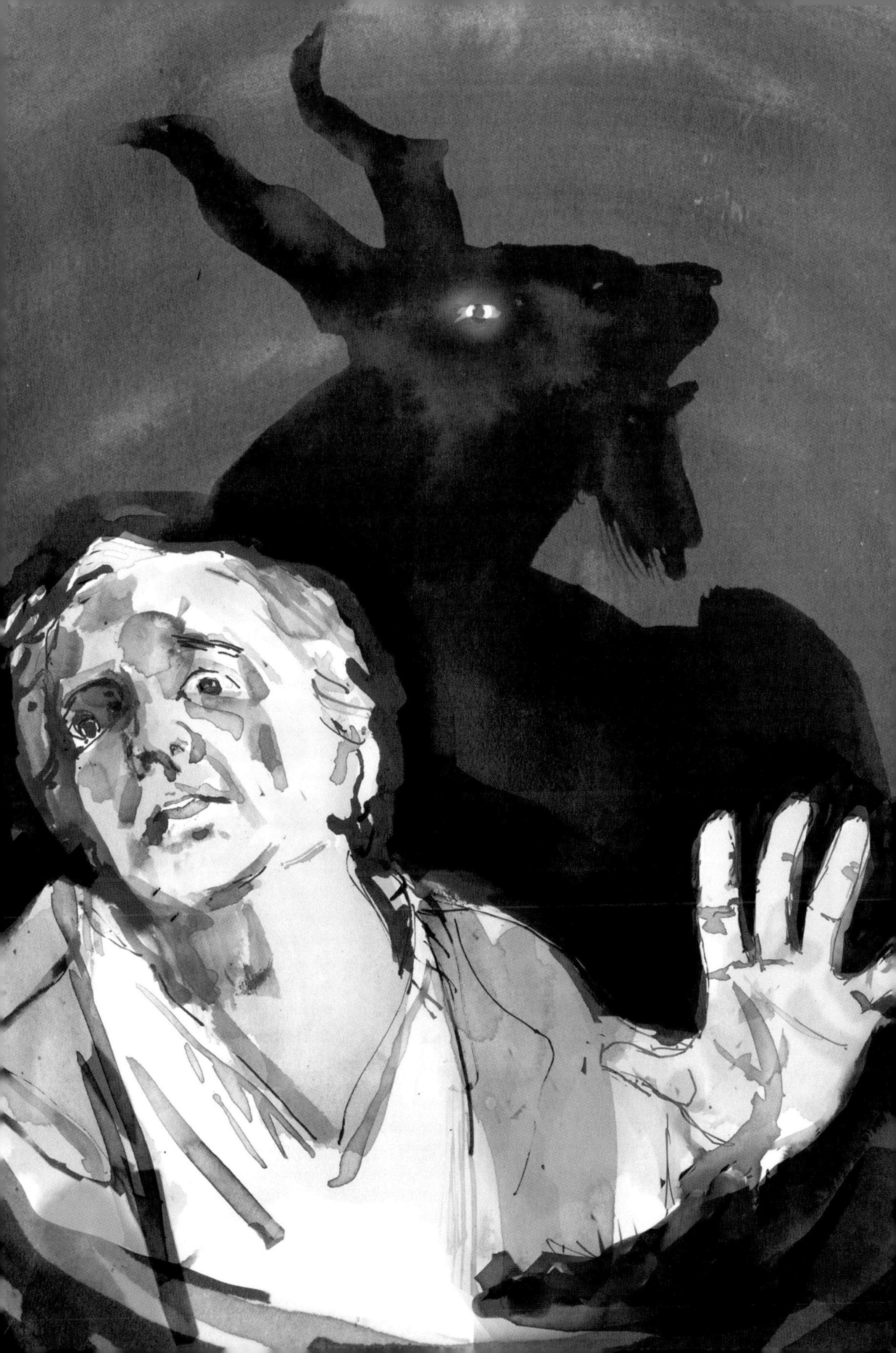

사투르누스

'그리고 이로써 근대 미술은 시작되었다'
앙드레 말로Andre Malraux

〈검은 그림〉 작품들 중 가장 극적인 분위기를 가진 작품은 〈제 자식을 잡아먹는 사투르누스Saturn Devouring One of his Sons〉이다. 이 작품은 클로즈업 기법을 사용한 것으로, 사투르누스가 끔찍하게 살점을 뜯어먹는 무시무시한 장면을 보여준다. 이 작품은 고야의 집에 위치한 지하실의 입구 반대쪽의 왼편에 그려졌다. 작품에 등장하는 고대의 타이탄족Titan인 사투르누스Saturn는 예언자에게서 그의 아들들이 자신을 권좌에서 물러나게 할 것이라는 말을 들었다고 한다. 그래서 그는 자신의 아이들이 태어나자마자 잡아먹었는데, 그의 아내인 오피스Opis가 사투르누스를 속이고 아이들 중 세 명을 돌덩이로 바꿔치기한다. 그렇게 바꿔치기한 세 명의 아이들이 유피테르Jupiter, 넵튠Neptune, 그리고 플루토Pluto이다. 그래서 결과적으로 사투르누스는 돌덩이를 먹게 되었다고 한다. 그리고 후에 장성한 유피테르는 자신의 아버지인 사투르누스를 몰아내고 아버지의 성기를 잘라낸다. 작품에서 원래 사투르누스는 발기한 모습으로 그려져 있었다. 하지만 고야의 작품들이 19세기 중반에 캔버스로 옮겨졌을 때 그 부분은 빠지게 된 것이다. 작품 속에서 사투르누스가 자신의 아이를 삼키는 모습은 국가의 권력을 우화화하는 것으로, 이는 승리한 지배자들이 거리낌 없이 스페인의 국민들을 살육한 행위를 드러내는 것이다.

프랑스 예술 이론가인 앙드레 말로의 말에 따르면, 고야의 〈제 자식을 잡아먹는 사투르누스〉는 근대 미술로 향하는 문을 열어 주었다. 살바도르 달리Salvador Dalí는 1936년에 〈삶은 콩으로 만든 부드러운 구조물Soft Construction with Boiled Beans(Premonition of Civil War)〉에서 사투르누스의 앙상하고 썩어가는 뼈를 직접적으로 묘사한 바 있다. 또한, 고야의 작품은 프랜시스 베이컨Francis Bacon의 잔혹한 해부학을 예고하기도 했다.

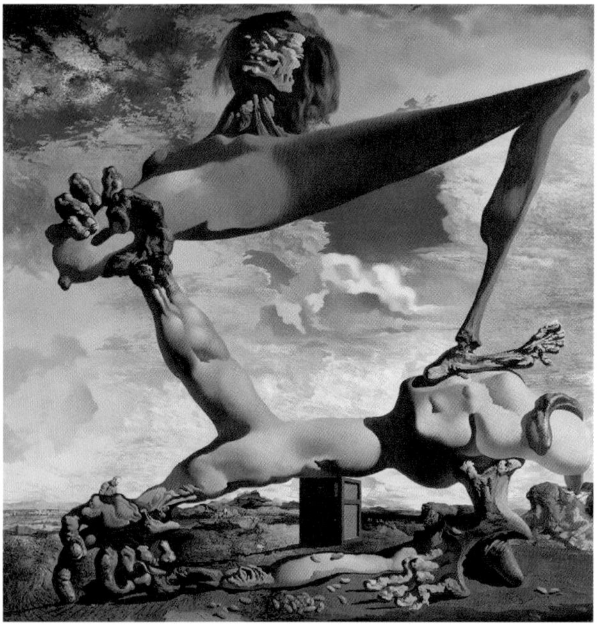

삶은 콩으로 만든 부드러운 구조물
(시민전쟁의 전조)
Soft Construction with Boiled Beans
(Premonition of Civil War)

살바도르 달리, 1936

캔버스에 유화
100 × 100 cm(39⅜ × 39⅜ in)
필라델피아 미술관, 루이즈와 월터 아렌즈버그 컬렉션, 1950

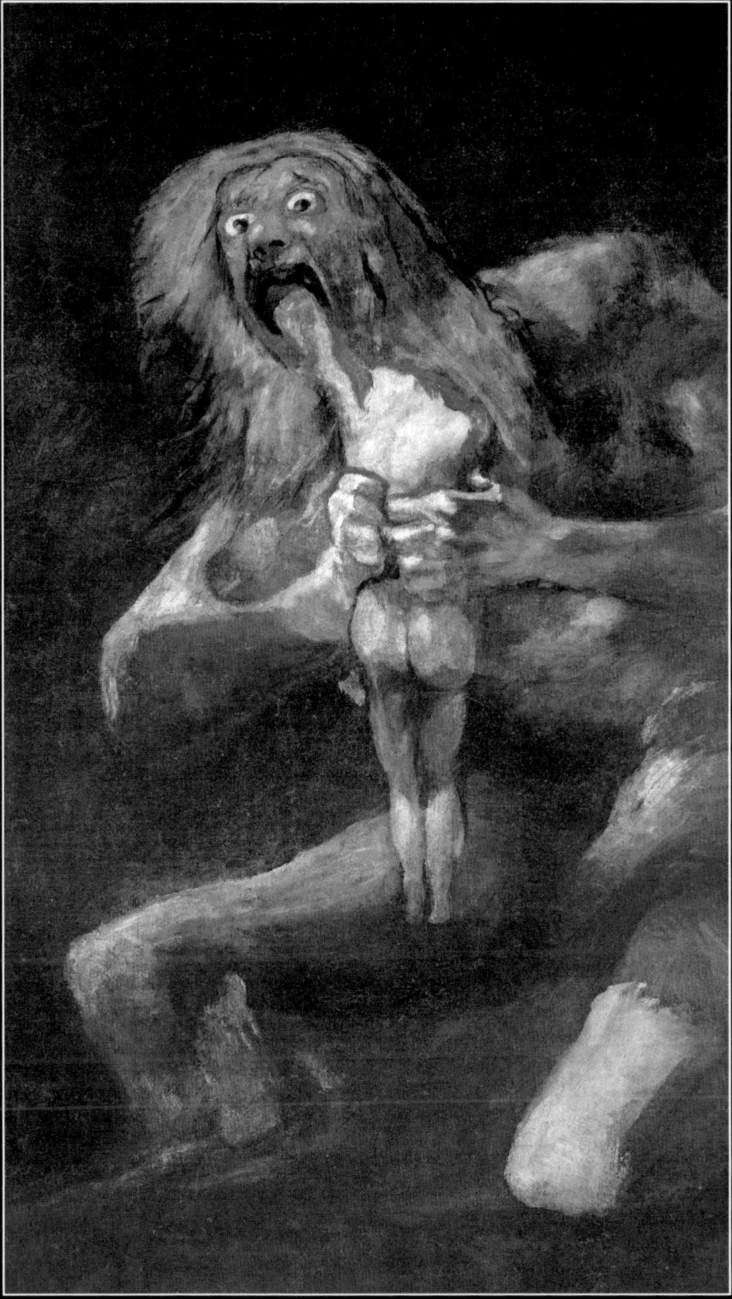

제 자식을 잡아먹는 사투르누스
Saturn Devouring One of his Sons

프란시스코 고야, 1821~1823

캔버스로 옮겨진 유화 벽화
143.5 × 81.4 cm(56½ × 32 in)
프라도 미술관, 마드리드

희망과 패배

1820년부터 1823년 사이, 고야가 귀머거리의 집에서 〈검은 그림〉을 그리고 있었을 당시 스페인에서는 계몽주의 이상을 기반으로 한 정부를 세우려고 했던 용기 있는 마지막 시도가 이루어졌다. 페르난도 7세가 이끄는 억압적인 수구파 정부는 젊고 진보적인 군인들에게서 헌법을 다시 제정하도록 압박을 받았다. 이 헌법은 1812년에 처음 제정되었지만, 페르난도 7세가 왕권신수설을 주장하고 절대적인 왕정을 이끌 권리를 고집하면서 무효가 되었었다. 고야는 그가 믿는 계몽주의 사상을 따르면서 새로운 진보 정권과 헌법에 맹세를 했다.

그러나 1823년에 페르난도 7세가 이끄는 군사들은 소위 유럽 왕정의 신성 동맹(절대주의와 가톨릭 사상을 지키기 위해서 만들어진 조약)의 도움을 받아서 진보 정권을 뒤엎고 절대 왕정을 부활시켰다. 헌법을 지지하는 사람들은 핍박을 받고 제거되었다. 다른 계몽주의자들과 같이 고야도 3달 동안 왕립 병원에서 지내면서 피난처를 찾았다. 그는 왕립 병원의 행정 국장이었던 박식한 아라곤 출신 수도사인 호세 두아소Jose Duaso의 집에서 살았다.

그곳에서 안전하게 빠져나온 고야는 귀머거리의 집으로 돌아갔다. 하지만 사실상 페르난도 7세의 억압적인 정권 아래에서 이루어지는 엄격한 감시하에 고야는 구금된 것이었다. 그 당시 고야는 77세였고, 재정적으로 파탄이 난 상태였다. 마틴 사파테르, 호베야노스, 오수나 공작과 알바 공작부인을 포함한 고야의 친구와 지원자 대부분은 이미 사망한 지 오래였다. 모라틴을 포함해서 살아남은 사람들 중 다수는 페르난도 7세를 피해서 망명을 떠났고, 오수나 공작부인 같은 사람들은 그들의 집에서만 칩거하고 밖으로는 나오지 않는 삶을 택했다.

1824년 5월에 진보주의자들의 일반사면이 이루어진 가운데, 고야는 페르난도 7세에게 편지를 썼다. 그 편지에 고야는 그의 주치의들이 프랑스의 플롱비에르레뱅Plombieres-les-Bains으로 가서 온천 치료를 받으라고 조언했다고 썼다. 그리고 고야는 떠나도록 허락을 받을 수 있었다.

마드리드, 그리고 스페인과의 이별

6월 24일에 고야는 레오카디아와 함께 프랑스에 도착했다. 그는 보르도Bordeaux에서 친구인 모라틴을 만났는데, 모라틴은 고야와 함께 아는 다른 친구에게 이렇게 고야의 상태를 표현했다.

> 귀머거리에 늙었고, 서투른데다 몸도 약한 고야는 프랑스어도 단 한 마디조차 할 줄 모르는 채로 도착했다네. 그는 하인도 한 명도 데려오지 않았고 (고야만큼 하인을 필요로 하는 사람이 또 있겠는가) 고야는 아주 행복하고 이 세상을 관찰하고 싶어서 열정이 가득하다네.

하지만 고야는 플롱비에르Plombieres에는 단 한 번도 가지 않았다. 며칠이 지난 후 고야는 파리로 가서 모라틴의 친구와 지냈다. 고야는 주요 명소들을 방문하고 살롱Salon으로 향했는데, 그는 마리아 테레사와 같은 옛 친구들을 만났다. 마리아 테레사는 신앙심 없는 남편인 마누엘 고도이와는 완전히 별거 상태였다. 그녀는 프랑스에서 입지를 다져 놓았다 (마리아 테레사는 그로부터 4년이 지난 후 49세의 나이로 그곳에서 사망한다).

9월이 되자 고야는 보르도에 자리를 잡기로 결심했다. 그가 말년에 작업한 그림은 거의 존재하지 않는다. 하지만 사람을 향한 그의 관심은 분명히 꺼지지 않았다. 고야의 스케치북에는 그가 그곳에서 본 모든 것들이 담겨 있다. 레오카디아와 그녀의 아이들부터 보르도 길거리의 사람들까지 말이다. 고야는 도시의 부랑자들에 관심이 많았는데, 특히 그 사람들이 길거리에서 살아남기 위해 사용하는 창의적인 방법에 흥미를 가졌다.

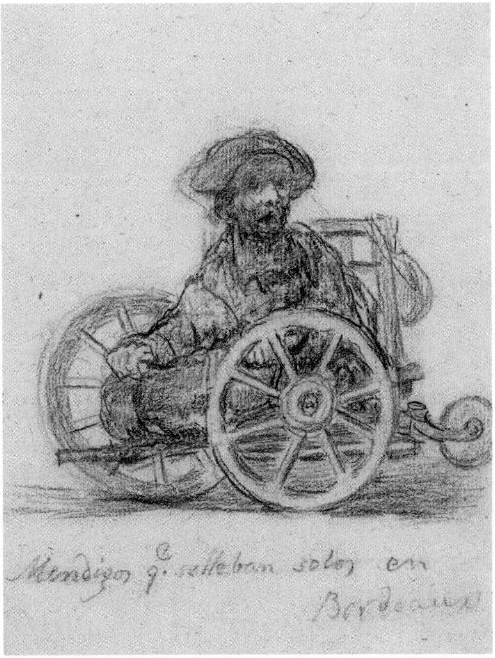

보르도에서 스스로 살아남는 부랑자들
Beggars Who Get about on their Own in Bordeaux

프란시스코 고야, 1824~1827

초록빛이 도는 레이드지에 검은 분필
19.4 × 14 cm(7⅝ × 5½ in)
미국 국립 예술관, 워싱턴 D.C.
우드너 컬렉션, 1993.51.9

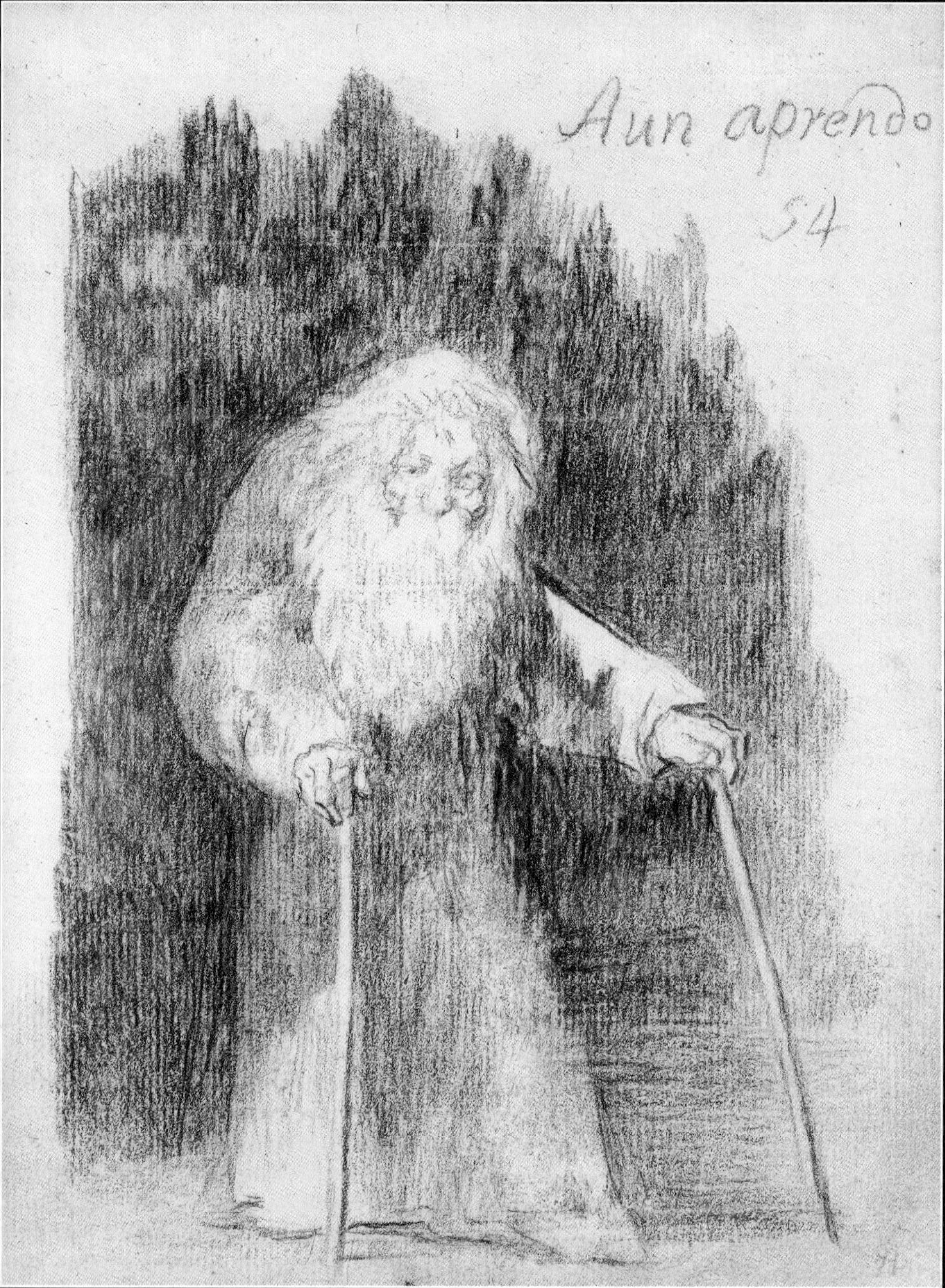

나는 아직도 배우는 중이다

Aun aprendo(I am still learning)

프란시스코 고야, 1826

레이드지에 검은 연필
19.2 × 14.5 cm(7⁹⁄₁₆ × 5¹¹⁄₁₆ in)
프라도 미술관, 마드리드

고야는 그의 말년에 새로운 재료와 기술로 실험을 했다. 예를 들자면, 상아에 그림을 그리거나 새롭게 발명된 석판 인쇄술을 사용했다. 보르도에서 그는 석판화 작품들을 다수 제작했다. 그의 작품 〈보르도의 소들The Bulls of Bordeaux〉에는 강한 풍자적 요소가 존재하는데, 이는 그의 다른 작품인 〈투우〉와는 전혀 다르다.

고야는 1825년 6월에 위중한 병에 걸리게 되고, 7월 말에 회복한다. 모라틴이 쓴 편지들을 보면 모라틴이 성미 고약한 고야에게 정이 많이 들었다는 사실을 알 수 있다.

> 가끔씩 고야는 자신이 마드리드에서 해야 할 일이 많다는 생각을 한다네. 그리고 그러도록 허락만 받는다면, 고야는 밤색 노새를 타고, 모자와 망토를 두른 다음에, 호두나무 등자와 술 부대, 그리고 안장에 다는 주머니를 가지고는 여기서 떠나 버릴 걸세.

실제로 1826년 5월에 고야는 마드리드로 돌아왔다. 이는 그의 은퇴 연금을 요청하기 위해서였다.

> 고야가 여행 준비를 할 때 항상 그렇듯이, 그는 혼자 여행을 떠난다네. 그는 프랑스인들에 대해서는 불만이 많았네…그리고 고야가 도착하지 않더라도 놀라지 말게. 조금만 몸이 불편해도 여관방에 틀어박혀서 꿈쩍하지 못할 양반이니 말일세.

그렇게 고야는 은퇴 연금을 지급받았다. 그리고 7월에 고야는 보르도로 다시 돌아왔다.

그 이듬해에 고야는 다시 마드리드로 돌아와서 손자인 마리아노Mariano를 그렸다. 그 후 9월에 고야는 다시 보르도에 있었고, 모라틴은 이에 대해서 이렇게 썼다.

> 고야는 괜찮네. 스케치도 그리고, 산책도 하고, 밥도 먹고, 낮잠도 자면서 시간을 보내고 있네.

고야는 그의 작품에 '나는 아직도 배우는 중이다'라고 적었다.

그리고 1828년 4월, 고야는 83세의 나이로 보르도에서 숨을 거두었다.

감사의 글

저자는 30년이 넘도록 고야에 대해서 연구할 수 있도록 도움을 준 영국과 스페인 사람들에게 감사를 드립니다. 또한, 열정적으로 지도를 해 주어서 이 책을 쓰는 데 도움을 준 시리즈의 에디터인 캐서린 잉그램 Catherine Ingram 에게도 감사를 드립니다.

참고 문헌

Jeannine Baticle, *Goya: Painter of Terror and Splendour*(Thames & Hudson, 1994)

Wendy Bird, 'Oh Monstrous Lamp! Special Effects in Goya's "A Scene from El Hechizado por Fuerza" in the National Gallery, London', *Apollo*, March 2004, pp. 13-19

Helen Cowie, 'Sloth Bones and Anteater Tongues: Collecting American Nature in the Hispanic World (1750-1808)', *Atlantic Studies*, Global Currents, 8:1, pp. 5-27

Paula De Vos, 'Natural History and the Pursuit of Empire in *Eighteenth-Century* Spain', Eighteenth-Century Studies, Vol. 40, No. 2 (Winter, 2007), pp. 209-239

Pierre Gassier and Juliet Wilson Bareau, *Goya: His Life and Work* (Thames & Hudson, 1971)

Nigel Glendinning, 'Goya's Patrons', Apollo, October 1981, pp. 236-47

Robert Hughes, Goya (Harvill Press, 2003)

Juan José Junquera, *The Black Paintings of Goya* (Scala, 2003)

Alfonso E. Pérez Sánchez and Eleanor A. Sayre, *Goya and the Spirit of Enlightenment* (Bulfinch Press, 1999)

Sarah Symmons, Goya (Phaidon, 1999)

Janis A. Tomlinson, Francisco Goya: *The Tapestry Cartoons and Early Career at the Court of Madrid* (Cambridge University Press, 1989)

Francisco Calvo Serraller, ed., *Goya y el infante on Luis: el exilio y el reino* (Patrimonio Nacional, adrid, 2012)

작품 저작권

글

웬디 버드 Wendy Bird

웬디 버드는 오픈 유니버시티Open University를 포함한 다른 기관에서 강의를 진행하고 있다. 예술 대학에서 처음으로 고야의 판화 작품들에 대해서 알게 된 그녀는 그 이후로 계속해서 고야에 대한 연구를 하는 중이다. 웬디 버드는 스페인 길거리 극장, 음악 그리고 영화계에서도 일한 바 있고, 그녀 자신 역시 예술가의 길을 걷고 있다.

일러스트레이션

새라 메이콕 Sarah Maycock

새라 메이콕은 잇츠 나이스 댓It's Nice That에서 2011년의 가장 기대되는 졸업생 중 하나로 선정된 바 있다. 새라 메이콕은 그 이후로 소니뮤직, 타임스, BBC, 웨잇로즈, 제이미 올리버 매거진, 리버티, MiH Jeans, 파이낸셜 타임즈, 가디언, 펜타그램, 쿼드릴 출판사, 콘랜 디자인, 킨포크 외 다수의 고객들과 작업했다.

옮긴이

김영주

미국 에모리 대학교에서 미술사를 전공했고 현재 전문번역가로 활동하고 있다.